写真　一之瀬ちひろ

暮しの手帖

わたしの暮らしのヒント集3

目次

絵　秋山　花

この本は、2013年12月5日に刊行した、別冊『暮らしのヒント集3』を書籍化したものです。
年齢や暮らしの様子などは、取材当時のまま掲載しております。

デザイン
林　修三
熊谷菜都美（リムラムデザイン）
表紙イラスト
伊藤絵里子
プリンティングディレクター
小林武司　金子雅一
山口理一（凸版印刷株式会社）

有元葉子さんの「料理じょうず」になるヒント

家庭料理は、切れ目なく続く日々の生活から生まれるもの。毎日の献立に変化をつけ、食材を無駄なく使うために知っておきたい料理の基本と台所仕事のコツをご紹介します。

料理　有元葉子
写真　木村拓　取材・文　成合明子

有元葉子さんに教わる、料理じょうずへのコツ

まずはきちんとダシをとる

昆布、かつおぶし、煮干しでとる日本のダシ、鶏の手羽先などでとるダシ、玉ねぎやにんじんなどの野菜でとるダシ。自然素材から自分でダシをとる習慣をつけ、ダシ本来の香りと味を知っておくことが大切です。おいしいダシさえあれば、料理の味が格段に上がり、まとめてダシをとることで調理時間も短縮できます。

シンプルな料理は調味料が大事

シンプル＝簡単、ではなく、シンプルな料理こそ、食材や調味料の見極めが肝心です。良質で新鮮な食材ほど、余計な手を加えず、素材の味を引き立てたい。それには塩、しょう油、油など、吟味された素材で手間をかけて作られた調味料を選ぶことが大切。自分がおいしいと思える定番の調味料を見つけてください。

自分の五感を使って味覚を鍛える

同じように作っても、食材の状態や各家庭の調味料の違いなどで、料理の仕上がりは変わります。レシピの分量や時間に頼りきらず、素材をしっかり見て、調理中も鍋の中をよく見ること。ゆで加減や塩加減は、指で触り、味見をして判断します。自分が使っている調味料の、生の状態の味を知っておくことも大事です。

食材や調味料本来の味を見極め、
毎日のくり返しのなかで、感覚を磨き、
考える力をつける。それが自分にとって
おいしい味を見つける近道です。

シンプルに作って展開する

家庭料理は、食材を無駄なくおいしく食べきる工夫の連続です。すぐに使いきれない野菜は塩もみや半干しにします。肉はかたまりでゆでておく。ひじきなどはほかの具材を入れず、単独で煮る。塩だけ、しょう油だけ、とシンプルな味つけにしておくと、あとからほかの食材と合わせていかようにもアレンジが利きます。

既製品に頼らず、作れるものは自分で

めんつゆやポン酢は、手作りすれば好みの味にでき、食品添加物の心配も減らせます。めんつゆは日本酒とみりんを煮切り、しょう油を加え、濃いめのダシを入れてひと煮立ちさせます。ポン酢は、ダシにしょう油と柑橘類のしぼり汁を加えて作ります。柑橘類は出盛りに買い、しぼり汁を冷凍しておくと便利です。

料理を作りやすい環境を維持する

料理を手際よく作るには、調理中の食材を置いたり、調理道具を使う場所をなるべく広く確保すること。使い終わったものは順次片付けながら調理します。わたしはその日使った調理道具や器は、その日のうちに洗って乾かし、収納場所に戻します。流しや調理台も拭き上げ、翌朝はまっさらな状態で料理を始めます。

◎ダシはまとめてとる

昆布、かつおぶし、煮干しといった海の恵みを水に浸し、凝縮したうま味を抽出させたダシは、海に囲まれ、水に恵まれた日本独特のものです。昆布とかつおぶしの一番ダシは、お吸いものなど、ダシそのものを味わう料理に最適です。おそうざいふうの煮ものやタレにはコクがある血合い入りのかつおぶしのダシを使ってください。みそ汁や温かいうどんには、煮干しダシもよく合います。昆布も煮干しも、最適な方法は水出しです。かつおぶしも煮立てません。今回は、ベーシックで手軽にとれるかつおぶしだけのダシをご紹介します。手に入りやすい袋入りの削りぶしでおいしいダシをとるコツは、量をたっぷり使うことと、浸出時間を長くおくことです。

炊き込みご飯

材料（作りやすい分量）

・米…3合　・かつおダシ…カップ3杯
・ごぼう…1〜2本　・椎茸…4〜5枚
・油揚げ…1/2〜1枚　・日本酒…大サジ2杯
・塩…小サジ1杯　・しょう油…適量

作り方

1　米をとぎ、ザルに上げておきます。
2　ごぼうはささがきにします。椎茸は、カサはうす切りにし、軸は手で細く裂きます。
3　油揚げは開いてせん切りにし、熱湯をかけて油抜きします。

※油揚げは、2枚に開いてせん切りにすると、ご飯によくなじみます。

4　炊飯器に1の米、ダシ、調味料を入れ、2のごぼうと椎茸、3の油揚げをのせて炊きます。

考えるポイント

●具は季節によって変化を。
春のアサリや竹の子、秋の里いもやきのこなど、旬の味覚を取り入れる。

●具によってダシを変える。
素材からダシが出るアサリやホタテなら昆布のダシがよく、ごぼうなど風味の濃い野菜には、うま味の強い煮干しやかつおぶしのダシが合う。

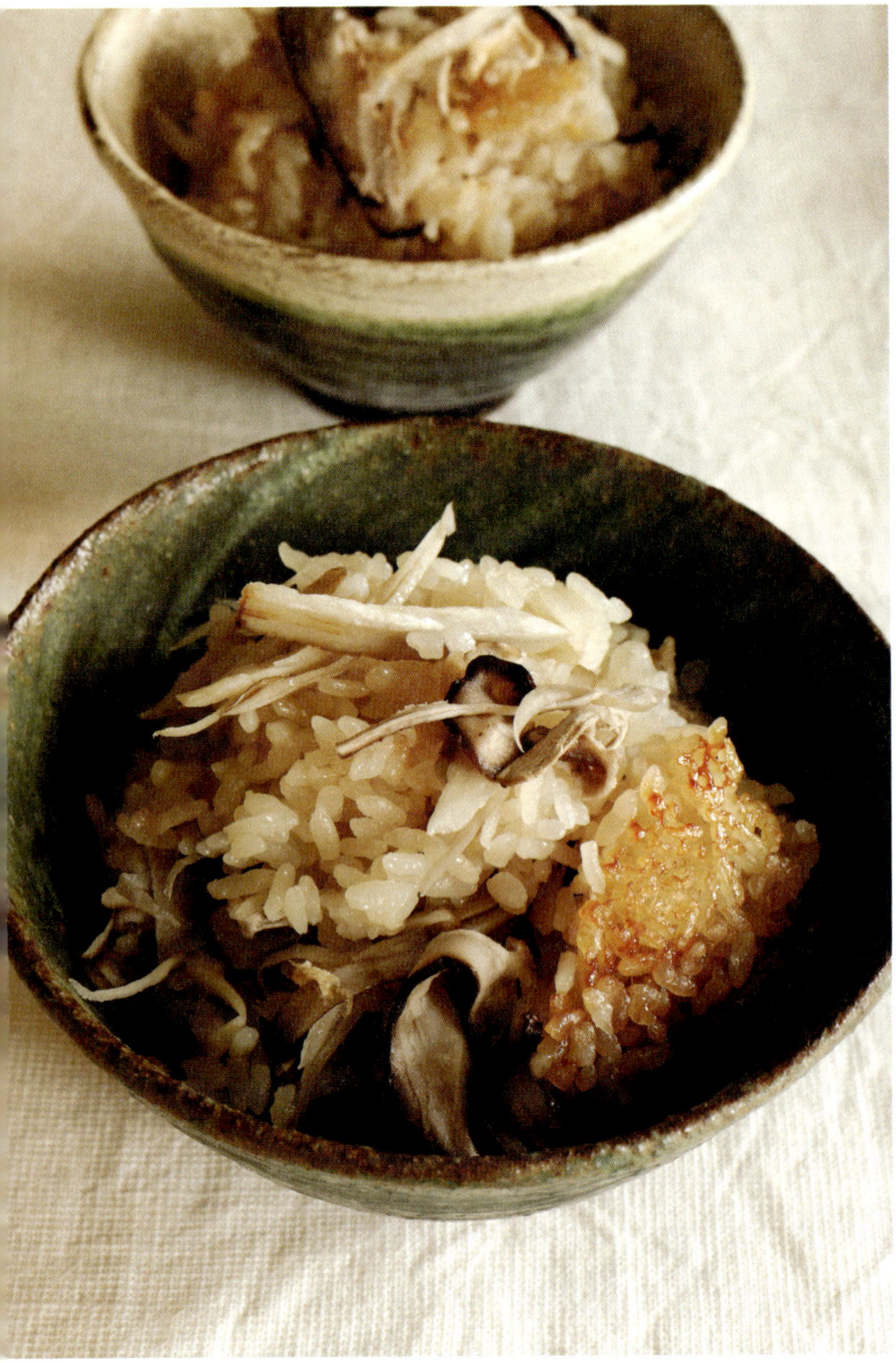

※カップ1杯は200mℓ、大サジ1杯は15mℓ、小サジ1杯は5mℓです。

かつおダシのとり方

材料（作りやすい分量）

・水…カップ10杯　・かつおぶし…100g

作り方

1　鍋に分量の水を入れ、火にかけます。

※削りぶしは開封すると鮮度が落ちるので、ひと袋分まとめてダシをとります。

2　沸騰したらかつおぶしを入れ、すぐに火を止めます。そのまま10分ほどおき、かたくしぼったさらしフキンで漉します。

※その日使わないダシは、冷凍保存します。粗熱が取れたら保存容器に移し、日付を書いたテープを貼って冷凍庫へ。1カ月をめやすに使いきります。

考えるポイント

●かつおぶしの鮮度で浸出時間を調整する。

火を止めてから、削りたてなら6〜7分、市販の袋入りなら10分以上をめやすにおいて漉す。

●料理によってダシを使い分ける。

お吸いものなど、ダシの風味を生かしたうす味の料理には、香りのよい上質なかつおぶしでとった一番ダシを使う。上質な削りたてのかつおぶしであれば、二番ダシをとったり、ダシをとったあとのかつおぶしを炒って水分をとばせばふりかけにもでき、余すことなく使いきることができる。

玉子の鉢蒸し

材料（1600㎖の耐熱性の大鉢1つ分）

・かつおダシ…カップ2 2/3杯

・玉子…4コ　・しめじ、三つ葉…各適量

・日本酒…大サジ2杯　・塩…小サジ1杯

かけ汁

・かつおダシ…カップ1〜1 1/2杯

・塩、しょう油…各適量

作り方

1　ボールに玉子を溶いて、ダシと合わせ、塩、日本酒を加えます。

2　蒸し器（もしくはセイロ）に収まる大きさの鉢に、1を漉しながら注ぎ入れます。

3　蒸気の上がった蒸し器に2を入れ、弱火で蒸します。中心に竹串を差してみて、穴がふさがらなければ蒸し上がりです。

4　かけ汁用のダシを鍋に入れて中火にかけ、調味料でお吸いもの程度に味をととのえ、石突きを取って手で裂いたしめじをさっと煮ます。

5　3に4をかけ、三つ葉を散らします。

考えるポイント

●おいしいダシでアレンジする。

鉢蒸しはダシをかけ汁にするとお吸いもの代わりに。あん仕立てにすればごちそうふうになる。

◎作り置くと便利なゆで豚

肉の日持ちをよくし、おいしく食べきるには、いろいろな方法があります。生の状態で、塩、コショー、ハーブとオリーブ油をまぶして冷蔵しておくマリネは、調理のひと手間が省け、忙しい日の助けになります。かたまり肉をゆで豚やゆで鶏にしておけば、そのままでもおかずになりますし、汁ものや炒めもの、中華ふうの汁そばや和えそばの具など、さまざまな料理に展開できて便利です。ゆで汁はスープになります。安い肉や冷凍していた肉でも、肉のクセやよけいな水分を出すために、全体に塩をまぶして一晩冷蔵庫でねかせ、水気を拭き取ってからゆでればおいしく仕上がります。

ゆで豚のさらしネギのせ 辛味タレ

材料（4～5人分）
- ゆで豚…適量
- きゅうり…2本
- 長ねぎ（白い部分）…2～3本分
- しょうが…1片 ・塩…適量

辛味タレ（混ぜ合わせておく）
- しょう油、酢、ごま油、豆板醤…各適量

作り方

1 ゆで豚はうす切りにします。

2 きゅうりはタテ半分に切って、スプーンなどで種を取り、厚さ2㎜ほどのうす切りにします。ボールに入れて塩をまぶしてしばらくおき、水気が出たらしぼります。

3 ねぎは長さ4㎝に切ってせん切りにし、水にさらします。しょうがはせん切りにします。

4 皿に1を盛り、きゅうり、水気をきったねぎをのせ、しょうがを散らしてタレをかけます。

※野菜はトマトやゆでたもやしなど、香味野菜はみょうがやしそなど、好みのもので。

考えるポイント

●部位や仕上がりの状態でタレを工夫する。

タレは味をみながら少しずつ材料を合わせるとよい。肉の脂身が多ければ、油を入れず、酸味や辛味を強めにきかせる。脂身が少なければ、油を多めに。みそや練りごまを加えてもよい。

レタスのスープ

材料（作りやすい分量）
- ゆで豚のゆで汁…適量
- レタス（青い部分）…適量
- 塩…適量
- 日本酒…適量
- 黒粒コショー…適宜

作り方

1 レタスは食べやすい大きさにちぎり、水に放してパリッとさせておきます。

2 ゆで豚のゆで汁をキッチンペーパーで漉して中火にかけ、塩と日本酒で味をととのえます。

3 器に水気をきったレタスを入れ、あつあつにした2を注ぎます。好みで黒粒コショーを挽きかけます。

考えるポイント

●仕上げに風味を添える。

料理の仕上げに上質なごま油や、挽きたてのコショーの香りを添えて変化をつけると、違った風味を楽しめる。

●献立は組み合わせを工夫する。

しっとりしたゆで豚にしゃきっとしたレタスのスープというふうに、献立は食感や温度、味の濃淡など、違うもの同士をバランスよく組み合わせる。

ゆで豚の作り方

材料（作りやすい分量）

・豚かたまり肉（もも、肩ロース、バラなど好みの部位）…1kg

・しょうが…1～2片

作り方

1　しょうがはうす切りにします。

2　豚肉を鍋に入れ、水をかぶる位注ぎ、しょうがを加えて弱めの中火にかけます。

※鍋は大き過ぎず小さ過ぎず、かたまり肉がすっぽり収まり、水がかぶる大きさのものを使います。

3　アクが出たら取り、弱火にし、60～90分、アクを取りながら静かにゆでます。

4　中心まで火が通ったら、火を止めてそのまま冷まします。

考えるポイント

●保存方法も臨機応変に。

ゆで汁を使ってしまった場合は、切ったあと、切り口に塩をまぶしてラップできっちり包み、冷蔵保存。塩をした肉をゆでた場合は、塩味のついたゆで汁ごと冷蔵保存すると、しっとりした状態が保てる。塩をしてゆでた場合、料理に使うときは味つけを控えめに。おろしにんにくやしょうがが、ごま油を加えたしょう油に、ゆでた肉を漬けて、焼き豚風にすることもできる。

ゆで豚のさらしネギのせ辛味タレ

レタスのスープ

◎大根一本を使いきる

野菜はまるごと使うほうがおいしく、経済的です。レシピでは、材料に大根何cm分などと書いてありますが、家庭では、使い残した部分を、鮮度が落ちないうちに翌日以降の料理に使っていくことを考えます。塩もみや半干しにすると、かさが減ってたくさん食べられ、料理の幅も広がります。

塩もみ大根

材料（作りやすい分量）

・大根…中1本
・塩…皮をむいた大根と葉の重量の各2％

作り方

1　大根は皮を厚めにむき、細めのせん切りにします。葉は細かく刻みます。

2　1をそれぞれボールに入れ、塩を振り

大根と厚揚げの煮もの

材料（作りやすい分量）

・半干し大根…11頁上段の各半量〜全量
・厚揚げ…1枚
・かつおダシ（とり方は7頁）…カップ2½杯
・しょう油…大サジ1杯　・日本酒…大サジ2杯
・みりん…大サジ1〜2杯

作り方

1　半干し大根は水でさっと洗い、ダシに浸し、柔らかくなったら軽くしぼります。

※しぼった時、しっとりしている状態が戻し方のめやすです。

2　厚揚げは食べやすい大きさに切り、熱湯をかけて油抜きします。

3　鍋に1の大根とダシ、2、調味料を入れ、中火にかけます。煮立ったらアクを取り、弱火で煮ます。

4　煮汁が減ってきたら、アルミホイルで落としぶたをし、煮汁が少なくなるまで煮含めます。

考えるポイント

●味つけは、最初はうす味に。
最初はしょう油を控えめに。煮汁が減ってきたら味をみて、足りなければ足すようにする。

ます。15～20分ほどおいて、水分が出たらぎゅっとしぼります。

考えるポイント

●素材を適材適所に使う。

塩もみには中心の柔らかい部分を使うので、皮を厚めにむく。皮は干してほかの料理に使う。

半干し大根

材料（4人分）

- 大根…中1本
- 塩もみ大根にした大根の皮…1本分

作り方

1　大根1本は皮つきのまま、厚さ5～6mmの半月切りにします。大根の皮は幅1.5cmの短冊切りにします。

2　1を盆ザルなどに重ならないように並べ、天日に3～4時間干します。

※からりとした日に風通しのいい場所で、真冬は長めに干します。しんなりとした半干しは傷まないうちにすぐ調理し、保存したいときはカラカラに干します。

考えるポイント

●料理によって切り方を変える。

形や厚さは、使う料理や干す時間によって自由に。煮ものには、皮つきのほうが煮崩れしない。皮だけをハリハリ漬けのようにしょう油漬けにしてもいい。

大根飯

材料（作りやすい分量）

- 塩もみ大根と大根の葉…10頁上段の各半量
- 油揚げ…$\frac{1}{2}$～1枚
- 米…カップ3杯
- かつおダシ（とり方は7頁）…カップ3杯
- 日本酒…大サジ2杯　・塩…小サジ1杯
- しょう油…少々

作り方

1　米をとぎ、ザルに上げておきます。

2　油揚げは開いて細いせん切りにし、熱湯をかけて油抜きします。

3　炊飯器に1、ダシ、調味料を入れ、かたくしぼった塩もみ大根、2をのせて炊きます。

4　炊き上がる5分ほど前に、かたくしぼった塩もみ大根の葉を加え、炊き上がったら、全体をさっくりと混ぜます。

※塩もみ大根と大根の葉は、味をみて、塩辛ければさっと水ですすいでからしぼります。

考えるポイント

●料理は彩りも大切に。

大根の葉は栄養価が高いだけでなく、緑の彩りが、料理をよりおいしそうに見せる。大根の葉がなければ、小松菜を塩もみにして使う。

大根と桜エビの炒めもの

材料（4人分）

- 塩もみ大根…10頁上段の半量〜全量
- 桜エビ（乾燥）…20g
- 長ねぎ…1/2本
- しょうが…1片
- ごま油…大サジ2〜3杯
- 塩…適量
- コショー…適量

作り方

1　長ねぎは小口切り、しょうがはせん切りにします。

2　フライパンにごま油を中火で熱して、しょうがを炒めます。香りが立ったら、かたくしぼった塩もみ大根をフライパン全体に広げ、焼きつけるように強火で炒めます。

※水気をしっかりしぼり、底の広いフライパンで、水分をとばすように炒めるのがポイント。

3　桜エビを加え、全体に油がまわったら、味をみて、塩・コショーで味をととのえます。

4　火を止めてねぎを加え、全体を混ぜ合わせます。

考えるポイント

●組み合わせはバランスが大事。

白米よりも玄米ご飯に合うおかず。淡泊な大根には、桜エビのほか、炒めて味をつけておいたひき肉、カリカリに揚げた豚バラ肉など、コクと食感のある食材もよく合う。

五感を働かせて臨機応変に素材と向き合い、使いきります。

大根の皮をむきながら、この皮は何に使おう、と考える。それが、今日も明日も自分と家族の食事を作る、家庭の台所の現実でしょう。この料理は大根を皮ごと使うか、みずみずしい中心部分で作るか。むずかしい理屈ではなく、五感で判断すること。レシピはあくまでも参考です。ダシのとり方や調味料など、自分の「基本」が定まると、料理はそこから先が楽しくなり、アイデアも臨機応変に浮かびやすくなります。

わたしは、使いきれずにとっておくことが苦手です。ですから、食材と真剣に向き合い、余さず適材適所に生かそうと考えます。それは器も同じこと。同じ食器でも、いつも違って見えるように、相応しい出番を工夫します。対象が何であれ、しっかり付き合い、存分に使いきりたいのです。

台所も調理道具も使いやすく

台所の維持管理と、道具の選び方にも料理じょうずへのヒントがあります。

道具は調理に必要なものだけスタンドに立てて出す。

「和太布」とさらしフキンは調理中手の届く場所に。

自分が作る料理に合った形とサイズの鍋を持つ。

天然木の柄で握りやすい三徳庖丁とペティナイフ。

料理を段取りよく作る秘けつは、調理台にものを置けるスペースをなるべく広くとること。調理台に幅も奥行も余裕がない、という台所も多いでしょう。そのためにも調理道具や調味料は出しっぱなしにしないことです。わたしはヘラやお玉などのキッチンツールは、探しやすく取り出しやすいように、ツールスタンドに立てて収納しています。料理を始めるときに、その日に必要なものだけ別のスタンドに立てて調理台に出します。食材も、料理にとりかかる前に料理ごとにまとめ、すべてバットに並べます。全体を見渡すことで手順が自然に確認でき、これに何かを足そう、というアイデアも浮かびます。下ごしらえをした食材も、その都度ボールやバットに入れて並べます。

庖丁は、手になじむ重さやサイズを選びます。切れ味のいい庖丁は、料理を楽しくします。家庭で研ぎやすいように、芯が合金で表面がステンレスというオリジナル庖丁を作ったのもそのためです。

鍋は多く持つ必要はありませんが、買うなら一生使えるものを。サイズや素材など、数種類はそろえたほうがいいでしょう。和風の煮ものには日本の鍋が向いています。立ち上がりが直角な外国製よりも、角に丸みがあって煮汁がまわりやすいからです。わたしは銅の両手鍋を使っていますが、アルミのゆきひらでもかまいません。

台所や調理道具を清潔に保つために、フキンは毎日ふんだんに使えるようにしておきます。「和太布《わたふ》」は木綿の布を細かく砕いて作った糸で織ったフキン。吸水性がよく、食器を拭くのに愛用しています。ダシを漉すのにはさらしのフキンも欠かせません。使ったフキンは毎日、その日のうちに洗剤と漂白剤を使って洗濯機で洗います。

台所は、使ってはきれいにする、そのくり返しです。汚れも片付けも、ためるほど面倒です。毎日、元通りにすることを心がけます。

ありもと・ようこ　料理研究家。主婦として家族のために作っていた料理をベースにした、作りやすいレシピに定評がある。イタリアと日本を往復する暮らしも長く、旅やライフスタイルに関する著作も多い。『料理は食材探しから』（東京書籍）でグルマン世界料理本大賞・食の紀行部門においてグランプリ受賞。

第1章 30代、40代 わたしの暮らしのヒント

自分のなかの大切なものを見つけたとき。
自分にはこれがある、と気づいたとき。
これから進む道を、ていねいにしっかりと踏み出すことができます。
足元を見れば、その道端は美しく咲いた彩りに満ちています。
それはまだ始まったばかり。
すべてはこれからだということを知ります。

井出恭子　36歳

日常生活では、「こうでなければならない」と、決めつけ過ぎないように。家事も、義務感に追われるよりも、楽しめるようにします。

平野太呂　40歳

仕事と社会的な活動と家庭、この3つが刺激し合って、いまの自分を作っています。3つのバランスを健全に保つことを心がけています。

大原千鶴　48歳

たとえ忙しくても、豊かに生きることはできると信じています。足るを知り、満足できることが、豊かさの元になると思います。

写真　後藤啓太（16～22頁）　松本のりこ（24～28頁）　一之瀬ちひろ（30～34頁）
取材・文　田中のり子（16～35頁）
イラスト　阿部伸二（14～15頁）

36歳　井出恭子さん（デザイナー）

何でもないふだんの日常こそ、大切に、ていねいに

わたしの朝ごはん

ドリンクはその日の気分で材料や配合を変える。この日は、白ごま、サルタナレーズン、ハチミツ、豆乳と、野菜や果物の買い置きがなくてもできる組み合わせ。少量でも、食べると元気が出るナッツ類を小皿に。

いつも新鮮な空気が流れる仕事場。道具は机に置いたままにせず、必要なものをその都度持ってきて作業を行う。

毎日袖を通すふだん着こそ、とっておきの一枚を

井出恭子さんのお宅にお邪魔すると、クローゼットには、白いシャツが何枚も掛けられていました。そのほとんどは、「コンフォートシャツ」と呼ばれる、脱ぎ着が楽な、スナップボタンを使ったシャツ。ホテルのシーツのようなパリッとした質感、洗ったまま、アイロンをかけなくても着られるシャツは、井出さんが手掛ける「ヤエカ」を代表するアイテムでもあります。

井出さんのパートナーである服部哲弘さんが、「ヤエカ」をスタートさせたのは2002年のこと。当初は、シャツとチノパン数型だけの日常着で構成されるメンズブランドで、井出さんはブランド発足時から、プレス業務をはじめ、事務や商品管理など、さまざまな仕事を担当。やがて「女性用も作ってほしい」というお客さまからの要望に応える形で、2年後にウィメンズを開始し、井出さんはデザイナーという立場で、仕事に携わることになりました。

「そのころ女性の服は、どちらかというと『特別な日』に着る服がもてはやされていました。けれど、わたしが一番便利な服だと思うのは、コンフォートシャツのように、家でリラックスしているときに着られて、突然人が訪ねてきても着替えずに会え、そのまま外に出て、電車や飛行機にも乗れるような服。女性向けでは、身につけたままでもくつろげる着心地のよさと、

「暮らしじょうず」であることが
わたしの仕事の質を
いっそう高めるように思います。

杉綾模様に組まれた床材が美しいリビング。ひとつずつ大切に選んだ椅子や道具類を、その存在感を生かすように配置。

人と会うときにも失礼にならないきちんとした感じ。そのふたつを併せ持った服というものが、ブランドを始めた当時は、世の中にまだ少なかったような気がしています」

「ヤエカ」は、自分たちの作る服を「日用品」のひとつとして、とらえています。服それ自体が主張するのではなく、着ている人の「その人らしさ」が出るような服。そのため人目を引くような派手な柄やデザインはありませんが、その分、上質な素材選びやパターン、縫製など、細部を徹底的にこだわりました。ふだん着でありながら、幅広く愛される紬の着物のように、「ヤエカ」の服は、「日常」こそを大切にしたいと考える人々から、多くの支持を受けたのです。

毎日続いていく家仕事をまわすための仕組み作り

「作っているものが生活に近いものだからでしょうか。仕事と生活は切り離せるものではなく、むしろしっかりと結びついている。いいものを作りたいと思ったら、自分たちの生活の質を高めることが大事。そう考えるようになったのは、自然な流れでした」

忙しい仕事と並行して、暮らしを切り盛りしていくのは大変なことですが、井出さんは、家事自体を楽しめるような工夫を随所に取り入れています。家にいる時間を気持ちよく過ごしたいから、朝、目覚めたらまず、部屋全体の掃除を行う。毎朝必ず行えば、汚れがたまることも

数種類の野菜を炒めて煮たポタージュの素が、常に冷蔵庫にある。

夕食の食材の買い物は、散歩も兼ね、昼の気持ちいい時間帯に。

フローリングの掃除には、柄までほうき草で編んだ「中津箒」を。

出したままでも煩わしくないデザインの道具をそろえている。

なく、短時間に終えられます。食事の買い物は、仕事で疲れきったあとの夕方ではなく、お昼の気持ちがいい時間帯に行くようにする。仕事のあと、夕飯をゼロから作るのは気が重いので、野菜をペースト状にしておいたポタージュの素など、作り置きを定期的に仕込んでおく。ひとつひとつは小さな工夫ですが、義務感ではなく、「家事を自然とやりたくなる流れ」を、あらかじめ作っておくのです。

「何より大事なのは、楽しみながらやること。だから家事に関しては、『これができなかった』と、マイナス面を数えるよりも、『今日は料理で、こんな盛りつけを楽しめた』『ここの掃除をきちんとできた』というふうに、その日ひとつでも自分なりの工夫ができたら、それで良しとするようにしています」

何げない日常のなかにも楽しむための「演出」を

ものを作り続けることは、ものを見る目を深めていく行為でもあります。たとえば同じような白シャツを作っていても、増え続ける選択肢を前に、多様な決断をくり返すことになります。

「最初は、生地はこっち、ボタンはこれ、形はこれ……という程度で始まったものが、やがて、襟の中の芯は、肩の線のカーブは、ボタンの付け方は……というふうに、自分のなかで『こうあるべき』という項目が増えていきます。その選択ひとつひとつに心を込めて取り組むこと

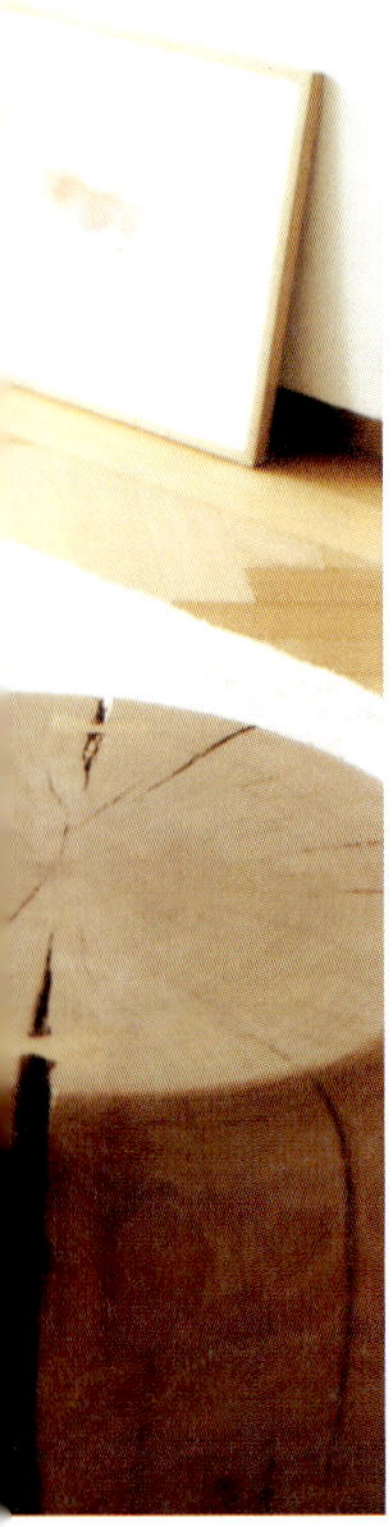

(上)「ヤエカ」の「コンフォートシャツ」。手元には5〜6枚あり、井出さん自身の装いの、基本でもある。(下) 独特のフォルムと素材使いが美しいカトラリーは、オーストリアのカール・オーボックがデザインしたもの。

質感に惹かれて手にしたフランスのアンティークの皿と、李朝の鉢。国も時代も違うものだが、食卓の上では自然になじむ。

家でお茶を飲みながらリラックスするときも、お気に入りの器やトレーを用意するなど、その時間を心地よくする心配りをしている。

ふだん身につける服や
日常の何でもない時間こそが
自分を作る大切な基本です。

で、長く作り続けるなかで、ひとつのものが少しずつ、完成に近づくようなイメージです」

　生活もまた、もの作りと同じように、深めていけるものだと井出さんは考えています。意識しなければ、同じことのくり返しで、ただ流れていくだけの日常も、「選択」という意識を持つことで、暮らしの質を高め、自分の「スタイル」を、作る元になっていくのです。それは単に、もの選びだけに限りません。

「たとえば、家でくつろぐときも、この音楽をかけて、この器にお茶を淹れて、この場所に座って……と、イメージを持つ。すると、日常のなかにも『演出』という要素が入り、おしゃれをして外出するのと同じように、気分を高めて、その時間を深く味わうことができるのです」

　与えられた時間で、何を選び、どう過ごすか。あたりまえの日常にも、暮らしを彩り、深めるきっかけはたくさんあると話す井出さん。その第一歩は、何よりも暮らしを愛し、楽しもうとする心がけです。好きな器に料理を盛る、お気に入りのお茶をゆっくり飲む。自分なりの楽しみ方を見つけることは、身体にしっくりと合い、気持ちにも寄り添うシャツに袖を通す幸せと同じように、実は何よりぜいたくなことなのだと、井出さんの暮らしは教えてくれるようです。

いで・きょうこ　デザイナー。1977年、静岡県生まれ。2002年、アパレルブランド「ヤエカ」の設立に参加し、プレス業務などを担当。2005年、ウィメンズ部門立ち上げとともにデザインも手掛ける。独自の生活哲学にもとづいた、着心地がよく美しい日常着を提案する。

暮らしの「大切なこと」を拝見します。

冷蔵庫置き場のスペースを改装し、パントリー兼食器棚に。豆の水煮缶や朝食に食べるドライフルーツなどを保管。

「ヤエカ」のショップでは、洋服とともに、井出さんと服部さんがセレクトした生活道具も販売されている。

同じ質問、それぞれの答え。井出恭子さんの場合。

Q ずっと手元にある本、何度も読む本を教えてください。

Ⓐ ドイツの女性映画監督で写真家であるレニ・リーフェンシュタールの水中写真集『CORAL GARDENS』。70歳を超えてからダイビングの免許を取得し、100歳まで作品制作を続けた彼女の存在は、考え方の枠を広げてくれます。もう1冊は保坂和志の『季節の記憶』。話の筋を追うというより、会話や描かれている情景に触れるのが心地よくて、数年おきに、ふと手に取る小説です。

Q 部屋にあるもので一番のお気に入りは何ですか?

Ⓐ お土産でいただいた、60年代にフロリダで拾われたという貝殻と、フランスの50年代の陶芸家が作った聖母子像です。

Q いま勉強していること、身につけたいことは何ですか?

Ⓐ 英語です。最近お店で、海外アーティストの展覧会を行うこともあり、その必要性を切実に感じています。

Q 健康のために心がけていること、習慣にしていることは?

Ⓐ 疲れやすくなっているときは朝にストレッチをしています。

Q 趣味について。何をどんなふうに楽しんでいますか?

Ⓐ 散歩です。荷物はほとんど持たず、近所を中心に巡ります。歩く速度に身を置くことで、気持ちがとてもリフレッシュされます。

Q 最近、一番うれしかったことは何ですか?

Ⓐ 引越しをしたことです。以前の部屋は仕事場と共用でしたが、引越しの準備をすることで、自分の持ち物を把握でき、必要なものとそうでないものが判別できてすっきりしました。

Q 元気がないとき、どうやって気持ちを切り替えますか?

Ⓐ よく眠ることです。睡眠時間が足りなくなると、本来は悩まなくていいことも、悩んでしまうようになると思います。

Q 一日のなかで、一番大切な時間はどんなときですか?

Ⓐ 食事の時間です。食事は身体と精神を作る原点で、何をどんなふうにいただくかで、暮らしが決まるような気がします。

(右上) 知人からいただいた貝殻は、珊瑚や石と一緒に書斎のサイドボードの上に。まるで陶器のような質感が美しい。(左上) ショップのディスプレイにも、自宅のインテリアと同じように、珊瑚や石といった自然物を取り入れている。(右下) フランスの作家ものの聖母子像。お地蔵さんや仏像のように、見るときの気分によって表情が違って見える。(左下) 上はリーフェンシュタールの『CORAL GARDENS』。下は保坂和志の『季節の記憶』。

井出恭子さんの暮らしのヒント

もの作りや暮らしのなかで生じる
さまざまな選択を
心を込めて行います。
その結果は同じように見えても、
ものやことへの愛着が違う。
井出さんは、そう考えています。

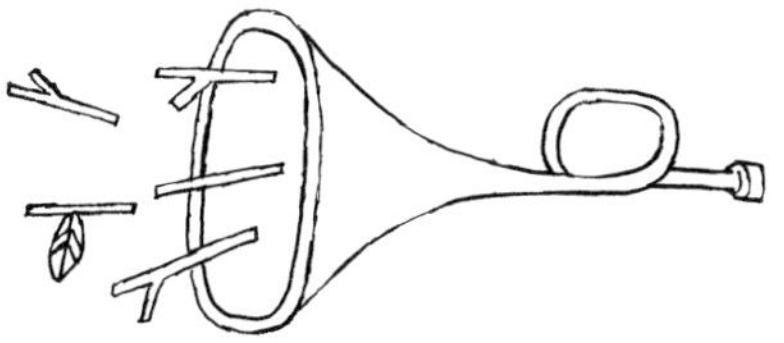

今日はなにを

1 野菜のポタージュの素を作り置きして、毎日、夕食のひと品にしています。手軽に野菜不足を補えるし、忙しいときに「このひと品がある」と思うと、気持ちがずっと楽になります。

2 朝起きて最初に、部屋の掃除をします。一日で一番好きな朝食の時間を、心地よく過ごせます。

3 仕事の終わりが遅い時間になることも多いので、食材の買い出しは、夕方ではなく、昼の気持ちいい時間帯に行くようにしています。仕事の気分転換にもなります。

4 掃除や買い物に限らず、家事は、やりたいときに、できることをしておいて、楽しみながらやるのが、負担にならないコツです。家事を「したくなる流れ」を作っておくようにしています。

5 日常生活では、「こうでなければならない」と、物事を決めつけ過ぎないようにしています。心に柔軟さを持つことで、義務感に追われるより、楽しめることのほうが多くなるからです。

6 「どちらでもかまわないもの」「とりあえずの間に合わせのもの」は、買わないようにしています。ものの多くは処分をしない限り、ずっと手元に残りますから、長く付き合いたいと思うものだけを選びます。

7 自分が把握できない量のものは、持たないようにしています。ものをため込むのではなく、じょうずに使い、生かすことを考えます。

8 洋服は、着る人の「その人らしさ」が大切だと思います。自分のベースとなる、ふだん身につけることの多い日常着こそ、心地よく質のいい服を選び、楽しみたいものです。

9 リラックス着にも外出着にもなるシャツこそ、「便利な服」だと思います。ベーシックでディテールのデザインがよく、着心地がよいシャツは、日常着としておすすめです。

10 慌ただしい毎日のなかで、昼食は意識してしっかり長めの時間をかけるようにしています。

11 夜はお粥や煮込みを食べることが多いです。仕事で遅くなったときも胃にやさしく、炭水化物をとり過ぎることがありません。

12 わたしの場合、暮らし方が仕事に表れると思うので、それを高め、豊かなものにするよう努めています。「生活じょうず」であることが、自分が作るものの質を高めると思っています。

13 日曜日はできるだけ用事を入れません。意識して、「用事のない時間」を作るようにして、生活にゆとりを持たせています。

14 パートナーには自分のペースを無理強いしないようにしています。自分は急いでいても相手はそうでないときもあるので、常にお互いの真ん中くらいの気持ちに、歩み寄っていくように心がけています。

15 たとえば家でくつろぐときなど、何げない日常の時間こそ大切にします。暮らしに彩りを与えるための演出を、自分で意識的に行います。

16 収納じょうずではないので、出しておいてもよいデザインのものを買うようにしています。しまうというよりも飾る感覚で、片付けができます。

17 食器棚の一番取りやすいところにお気に入りの大切な器を置き、ふだんの食事にこそ楽しみます。器選びは「使い勝手がよく便利」という観点だけでは、味気ないように思います。

18 もの作りの最後のもうひと工夫を思いつけるかどうかには、体力が大きく関わります。そのためにも、日々の食事と睡眠には気をつけています。

19 初めて出会った人、これから取り組むことは、まず好きになることから始めたいと思っています。そうすると、その人や物事のすてきな部分と付き合っていけるような気がします。

20 日々の料理にも、もの選びにも、素朴なもののなかにある洗練や、洗練されたもののなかにある素朴さを大切にしています。

挿画　秋山花

48歳　大原千鶴さん（料理家）

「段取り力」から生まれる、始末のいい暮らし

わたしの朝ごはん

前日に下ごしらえをしておくので、朝ごはんの準備は20分程度。ご飯、おみそ汁、ほうれん草のおひたし、ぬか漬けと梅干し。焼き魚には梅酢をかけた大根おろしを添えて。「お米をしっかり食べないと、食事をした気になれないんです」。

(上) 野菜は同じお湯で一度にゆで、あらかじめ食べやすい大きさに切って冷蔵しておく。この段取りで、次の食事の支度がぐんと楽になる。(左上) 小学2年生になった娘の万実《まみ》ちゃんが料理の手伝いをする。「最初はつたなくても、任せるほうが上達は早いですよ」。(左) 自家製の梅干しとぬか床。これら漬けものが、大原家の健康の秘けつ。

時間や素材の無駄をなくす じょうずな下ごしらえ

「家庭料理は毎日続くものやから、〝始末のええ料理〟をしなあかんと思ってます」

毎日のごはんで、大切にしていることは何でしょう。そんな問いかけに大原千鶴さんは、やわらかな京言葉で答えてくれました。「始末のいい」とは、一般的には「浪費しない」「倹約・節約する」との意味で理解されていますが、大原さんはどちらかというと「無駄のない」というニュアンスで、この言葉を使っています。

たとえば朝ごはんの支度。おみそ汁用の出汁は、昆布などの材料を水につけるだけの「水出汁」を前日から準備しておき、具材の野菜も前日の晩ごはんの準備のときに一緒に切って冷蔵庫に入れておきます。ご飯は必ず炊きたてのホカホカを食べたいので、前日のうちに炊飯器をセットしておくか、厚手の鋳物ホウロウ鍋を使って20分で炊き上げます。常に次のごはん、次の家事を考えながら行動し、まとめられるものは一度に作業をする。そうすることで素材を無駄にすることもなく、労力も時間も短縮できるのです。大原さんはこのような発想を生む力を「段取り力」と表現しました。

「料理も仕事も、段取り力が大事。段取りで、暮らしは快適に回ります」

サンチュを収穫。丈夫なフェルトバッグを収穫袋に使っている。

畑仕事は午前中の1時間以内で。ここでも、無駄のない動きを。

貸し農園のある大原地区は、京野菜の生産地としても有名な場所。

芽吹きから収穫まで、育てる段階ごとに、喜びが感じられる。

15分という時間を大切に「段取り力」で暮らしを回す

生活のなかで具体的に「段取り」をしていくために、大原さんは「15分」という単位を大切にしています。家事や仕事の合間、次の予定までのちょっとした時間。意識すると、一日のなかに「15分程度」の空き時間は、しばしばあるもの。そこを漫然と過ごすのではなく、雑誌などで依頼されたレシピを書いたり、子どもの机を片付けたりと、必ず用事をはめ込むのです。そうすることで、「やるべきこと」に追われるのではなく、常に自分が主体的に動きながら、その日一日のペースを作ります。

「15分間っていいですよ。集中力が途切れないし、結構いろんな用事を済ませられます」

京都・中京区《なかぎょう》で、家族とともに暮らす大原さん。子どもたちの世話をしながら、食事の支度や洗濯・掃除などの家事をこなし、そのかたわら、料理家としても料理教室やテレビ・雑誌の撮影などで活動しています。それだけでも目が回りそうな日々ですが、大原さんは持ち前の「段取り力」でそれらを乗りきるだけでなく、近所の鴨川沿いをランニングしたり、郊外に小さな畑を作って野菜を育てるなど、心の潤いとなることもしっかりと習慣にしています。そしてまた、梅干しやぬか漬けを仕込んで食卓を豊かにするような手間も惜しみません。

「人からは『忙しいのに、畑したり、ランニ

(右) お父さまである、「美山荘」先代の主・中東吉次《なかひがしよしつぐ》氏の著書。山深い生活のなかで生み出された、創造力あふれる料理が紹介されている。(左) 自らも野菜を育てるようになって、「素材ひとつひとつを大切に、おいしくいただく」という気持ちがいっそう強くなったそう。

人にも、ものにも、執着しない。常に新しい風を暮らしに入れて、風通しよく生きたいのです。

ングしたり大変やねえ』とよう言われますが、わたしにとっては、忙しいからこそ、自分が満足して一日を終えるために、必要なんです」

手伝いに明け暮れた子ども時代に学んだこと

「昔から、働くことが好きだった」と話す大原さん。ご実家は、京都の山里・花脊《はなせ》にある料理旅館「美山荘《みやまそう》」で、周囲で育った野草や山菜をいただく「摘草《つみくさ》料理」が有名です。お客さまをもてなすために、家族や従業員が朝夕なく働く様を、ごく自然な風景として育ちました。

「学校から帰ったら、おしぼり巻いたり、布団敷いたり。10歳くらいで、休みの日に20人分のまかないを作ったりしますやろ、そしたらみんなおいしいて言うてくれはるしうれしくて」

手伝いをするのがあたりまえで、いわゆるふつうの家族団らんの時間というものは、ほとんどなかったという子ども時代。けれども熱心に仕事をするご両親の姿から、「魂を入れて働くこと」「ひとつの花や草にも命があり、それを存分に生かし、ありがたくいただくこと」、そして、世間や流行に流されず、人と比べず、自らの「ものさし」を持って生きる楽しさなど、大切なことをたくさん教わったと言います。

やがて大原さんは、どんなときも、自分は「クリエイター」、生み出す人でありたいと思うようになりました。それは料理家という職業に限らず、どんな仕事にも当てはまることで、すべてクリエイティブになりうるのです。たとえばルーティンになりがちな家事でも、どう効率を上げるか、どうやって楽しくするかを考えることができます。人が作ったものをただ受け取り、消費するだけではつまらないし、誰かに「やらされている」うちは、人生はけっして豊かにならない。逆に自らの「ものさし」を持ち、「創造する」気持ちになれば、暮らしは生き生きと輝き始めると、大原さんは考えます。

ご実家のある奥京都の冬は雪深く、寒さは身を刺すような厳しさ。けれどもやがて木々は芽吹き、花が咲き、実りの秋を迎え、草木が枯れて、また冬が来て。自然に寄り添う生活をしていると、万物流転の摂理を、頭ではなくお腹の底から実感できたと大原さんは言います。

「だからでしょうか。わたしはものにも人にも、執着心というもんがないんです。常に新しい空気が入ってくることが大切で、風が通る生活をしたいと思っています」

風を感じるには、まずは自ら動くこと。じっとしていると風は起こらないけれど、自分が動けば心のなかに新しい風が生まれます。そんな風の気配を感じるために、大原さんは今日も自ら工夫し、自分ができる限りの「始末のいい暮らし」を、求め続けているのです。

おおはら・ちづる　料理家。1965年、奥京都・花脊の料理旅館「美山荘」の次女として生まれ、豊かな自然に囲まれて育つ。子どものころから家業を手伝い、料理の腕を磨く。結婚後は京都の中京区に在住。二男一女の母。生活に寄り添う、気取りのない料理を提案している。

2017年現在は、家庭菜園をお休みされています。

暮らしの「大切なこと」を拝見します。

鴨川沿いを走っていると、季節の移り変わりを身体で感じられる。春は木々の芽吹きがまぶしく、夏の夕方には蛍が飛ぶことも。

豪華な花はどちらかというと苦手で、野の花を、自然にあるままのような姿で活けた風情が好き。

自己流で写経を行うことも。「書に親しむことで、内面が鍛えられるような気がしています」。

同じ質問、それぞれの答え。
大原千鶴さんの場合。

Q ずっと手元にある本、何度も読む本を教えてください。

Ⓐ 絵本ですが、『どろんここぶた』と『ぐりとぐら』は何度となく手に取ります。人間にとっての真の心地よさや、楽しく食べるために必要な気持ちなどを再確認させてくれます。

Q 部屋にあるもので一番のお気に入りは何ですか?

Ⓐ ご近所の「清課堂」さんの湯沸かし。10年ほど使い込み、まろやかな光沢に育ちました。毎朝お茶を沸かし、台所に置いておきます。「家の安心感」につながるものです。

Q いま勉強していること、身につけたいことは何ですか?

Ⓐ 子どもから手が離れたら、書道を習いたいと考えています。スキンケア化粧品の手作りや、ウクレレにも興味があります。

Q 健康のために心がけていること、習慣にしていることは?

Ⓐ 食品添加物が入ったもの、インスタント食品などは避けるようにしています。家で手作りのごはんを食べることが、一番の健康法です。健康に過敏になり過ぎるのがいやなので、健康食品も好みません。

Q 趣味について。何をどんなふうに楽しんでいますか?

Ⓐ 自然に触れることです。山にハイキングに行ったり、畑仕事をしたり。自宅の屋上に上り、月を眺めるだけでも、癒されます。

Q 最近、一番うれしかったことは何ですか?

Ⓐ 全寮制の中学校に入った長男が、休暇で帰省したとき、自分から率先して台所に立ったことです。おっとりした性格で、それまではそういうことをなかなかしなかった子でしたが。日々の生活のなかで、子どもたちの成長が感じられる瞬間が、一番の喜びです。

Q 元気がないとき、どうやって気持ちを切り替えますか?

Ⓐ アップテンポな音楽を聴いて、モチベーションを高めます。

Q 一日のなかで、一番大切な時間はどんなときですか?

Ⓐ 夜、子どもと一緒の布団に入って寝るときです。

忙しい毎日を送っていると、なかなか本を読む時間は取れないけれど、子どもに読み聞かせていた絵本は、内容がすっと胸に入ってくる。

愛用の湯沸かしは黄銅(真鍮)を着色し、さらに漆を焼き付けたもの。使い込むほどに光沢が増し、味わい深い趣に。

塾に通う子どもに持たせるお弁当は、おむすびとおかず数品。夕食の準備のついでに作れる簡単なもの。

大原千鶴さんの暮らしのヒント

暮らしのものさしは
すべて自分で作る。
忙しい毎日を生き生きと
快適に過ごすために、
常に新しい風が入る工夫を
心がけています。

今日はなにを

1 毎朝目を覚ましたら、布団の中で20分ほど、その日一日の過ごし方を考えます。自分が本当にしたいことができるよう、一日を作り上げるイメージを持ちます。

2 朝と晩は食事のときに、子どもと一緒にニュース番組を見るのが習慣です。季節の行事や社会の流れなど、親と話すだけでは得られないことを教えてくれます。

3 週に1〜2回、川沿いをランニングします。頭がからっぽになるので、仕事や家事で疲れていてもリフレッシュでき、四季折々の自然の表情も楽しめます。

4 お昼ごはんの準備のときに、夕食の分も仕込むなど、一度にできることはまとめて行います。時間を有効に使う段取りをいつも考えるようにしています。

5 料理をするときは、状態がよいものであれ悪いものであれ、その素材をどうやって生かすかを考えます。それは畑仕事や子育てなど、すべてに通じる大切なことだと思っています。

6 物事は「〜せねばならない」から始まるのではなく、おもしろいこと、楽しいことを見出し、能動的に行うように心がけています。

7 仕事でも家事でも、15分という単位を大切にします。15分あればちょっとした原稿も書けるし、料理も一品作れます。漫然と過ごすのではなく、その時間で何ができるかを考え、実行するようにしています。

8 何ごとも「やらされている」間は、人生はけっして豊かにならないと考えています。逆にどんなことでも自分から進んでやるようになると、暮らしは生き生きと輝き始めると思います。

9 お漬けものなどの発酵食品を、必ず食卓に置くようにしています。ご飯とおみそ汁と焼き魚だけの食卓も、それがあることで、豊かな気持ちになれます。

10 無用なものをため込むことなく、出番があるものばかりで生活するようにします。ものの命も生かすことを心がけています。

11 洋服は、自分が「似合う」と思うものだけを選び続けると感覚が古くなるので、シーズンに1枚くらいは、お店の人と相談しながら、新しいタイプの服を買うようにしています。

12 着物は多少着崩れても、自分で着付けたいと思っています。きっちり着込むことよりも、自分らしく着ることを大切にします。

13 なじみの八百屋さんや魚屋さんがあり、いまおいしいものを店頭で聞きながら献立を考えます。そうすると自然に、季節感あふれる食卓になります。

14 一度で使いきれない野菜は、最初に使うとき、ついでにすべて切って冷蔵しておきます。次の食事の支度に重宝する、気軽なストックです。

15 手で耕せるくらいの小さな畑を郊外に作り、ときには子どもと一緒に野菜の世話をします。自然に直に触れることで季節の移り変わりを感じ、自分を解放できる、大切な時間です。

16 子育てには、自分の弱さが出てしまうもの。子どもの成長とともに自分も成長し、つらいことも親子一緒に乗り越えるという気持ちで臨みます。

17 たとえ忙しくても、豊かに生きることはできると信じています。時間のないときは、自家製の梅干しでお茶漬けを食べるだけでも満足。自分で満足できることが豊かさだと思います。

18 家事や仕事で料理をしますが、人のために作る料理ばかりではなく、自分のために作る料理にも愛があると思います。自分の身体と生活をいとおしむ心が、料理には映し出されます。

19 既製品を買う前に、まずは自分で作れないか考えます。世の中のものはすべて、人の力で作られているのですから。

20 枝ものや花を活けるときは、枝や茎に沿って、自然のなかに佇んでいるように活けます。どんなものでも、無理があると、美しいと思えないからです。

挿画　秋山花

40歳　平野太呂さん（写真家）

直感に素直に従う、心に自由さがある暮らしを

わたしの朝ごはん

（上）妻の妃奈《ひな》さんお手製のごはん。オレンジジュースとコーヒー、野菜たっぷりのサラダ。厚切りトーストは切り込みを入れて食べやすく。（下）撮影した写真を吟味して選ぶ。

写真も暮らしも、「これがいい」という感覚を大切にしています。

ギャラリーの目印でもある赤いひさしは、自ら塗ったもの。蔦の緑がよく映える。

愛機の「ペンタックス67」は「自分にとって一番素直でベーシックなカメラ」。

自分と仲間が、気負わずに作品を発表できる場所を

写真家の平野太呂さんが2004年から営む「NO.12 GALLERY」は、通りから一本奥に入った、住宅街にたたずむ細長いビルの1階にあります。広くはない、小さな箱のような空間ですが、通りに面した入口はすべてガラス張りで、誰かの部屋に招かれたような親密さと、外に向けて広がる風通しのよさを感じさせてくれます。

「もともと写真の暗室作業用の部屋を探していたんです。インターネットで検索して見つけた物件でしたが、ひと目見て、ここならほかにも何かできそうだと、イメージが湧きました」

そのとき平野さんの頭のなかに浮かんだのは、さらに数年前、旅先のニューヨークで訪れた「アレッジド・ギャラリー」という場所でした。1990年代にスケートボーダーが描いた絵を、初めて紹介し、「作品」として販売したほか、さまざまなストリートアートを世に送り出した伝説のギャラリー。中高生のときスケートボードにのめり込み、以来生活の一部にしてきた平野さんにとって、長年の憧れの場所でもありました。実際に目にしたその場所は、想像以上に小さく、拍子抜けした部分もあったそうですが、逆にこんな小さな場所でも、世界に発信するムーブメントを起こせるのだと、強い印象を残しました。

「もともとぼくは美大出身だし、取材や仕事などを介し、さまざまなアート活動をしている知人も多かったんです。彼らが気負わず、作品を発表できる場があればいいなあと思って」

この本の取材に伺ったのは、2013年7月の参議院選挙の投票日当日。平野さんのギャラリーでは、その2日前から「投票へ行こう」と呼びかける企画展『投票／VOTE』展が開催されていました。若者の投票率の低さが問題になっていたことから、「何か自分たちにできることを考えよう」と、友人と話し合い、急きょ開催の運びとなったもの。準備期間は、ほんの数日間しかありませんでしたが、それでも20人以上ものアーティストが参加し、多くの人が興味を持って展示に訪れました。ギャラリーを10年近く続けたなかで生まれた、多くの人との信頼関係があってこそ、実現できた企画でした。

車に乗せたスケートボードは心の自由さを象徴するもの

平野さんの車にはいつも、専用の靴と一緒に、スケートボードが積まれています。仕事の合間や移動の途中で、ちょうどいい場所を見つけたら、しばらくの時間ひとりでボードに乗って、風を感じるのが日常だと言います。「スケートボードの魅力は？」と尋ねると、「ひと言で説明するのは、本当にむずかしいけれど」と前置きをしつつ、「自由さ」と、答えてくれました。

アメリカのカリフォルニア州で生まれたスケートボードは、チーム競技ではないから、自分

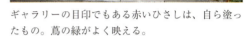

ものはしまい込むのではなく、いつも目に入る状態にしておく。

3歳になる七夏《なな》ちゃんとの生活は、日々成長を感じられて新鮮。

両親から譲り受けた、イルマリ・タピオヴァーラの食卓。

お散歩コースの途中にある公園で、七夏ちゃんと一緒に。

の好きなタイミング、場所、方法で練習ができます。細かなルールもなく、そこにある空間で、いかに自分らしいスタイルを表現できるかに重きが置かれています。また、ファッションや音楽と結びつくことでストリートカルチャーとしても独自の進化を遂げていきました。お互いの個性を尊重し合い、義務や押し付けなどとは無縁に、路上ゆるやかに集まるスケートボーダーたちの感覚は、自分がギャラリーを運営する気持ちにも通じていると平野さんは言います。

仕事と社会的な活動と家庭 3つのバランスを大切に

写真家としての自分と、ギャラリー運営という多くの人と関わる活動をする自分。平野さんの暮らしは、このふたつの要素が大切な柱となっています。そしてその柱を支え、自分という存在のすべてのベースとなるのは、家庭という場所。家族というひとつの単位が、すこやかであることが、自分にとっては何よりも大切だと平野さんは考えています。

「夫とか、父親とかの役割を果たしつつ、仕事や自分のやりたいことをやるというのは、実はすごくむずかしいことですよね。いまでも未熟な部分が多いのですが、その3つがバランスよく保たれた状態が、自分の目指すことです」

現在、妻の妃奈さんと、娘の七夏ちゃんの3人暮らし。妃奈さんは妊娠中で、間もなくふたり目のお子さんが平野家にやって来る予定です。

（左）仕事に行く前の少しでも、家族と過ごす時間を大切に。（右）手を動かすことが好きな平野さん。展示の設置作業を自ら行うことも。

身重の妃奈さんを助けるために、少し時間が空けば家に戻り、家事や育児を手伝います。なかでも遊びたいざかりの七夏ちゃんとは、たとえ短くても、一緒に過ごす時間を大切にしています。それは、自分の子ども時代に、多くの言葉で語り合うことはなくても、「釣り」という共通の趣味を介し、お父さまとじっくり過ごした時間が、宝物のような思い出として残っていることも影響している様子です。仕事やギャラリーに傾いていた頭のなかを、家庭ではすっぱりと切り替えるのが平野さんの流儀。自宅から仕事場、ギャラリーから自宅へと移動する車の運転が、ちょうどいいリセットになるそうです。

「写真を撮るときは、自分の生理的な感覚に寄り添う」という平野さん。生理的な感覚がどこから生まれてくるのかが自身でも不思議だし、感覚に素直に従うのが心地よく、暮らし方も、理論的というよりも、「これがいい」「こっちが好き」という直感を大切にしているようです。直感による判断と、それを実行する瞬発力や行動力。それがごく自然に身についたのは、平野さんが長年身を置いてきた、スケートボードという世界の、誰かと競い合うより、お互いを尊重し、励まし合うことを大切にする「自由な空気」が、影響を与えているのかもしれません。

ひらの・たろ　写真家。１９７３年、東京生まれ。武蔵野美術大学造形学部映像学科卒業後、講談社写真部のアシスタントを経て、２０００年に独立。04年に東京渋谷区上原にギャラリーを開設。雑誌、書籍、広告などで活躍するほか、個展やグループ展でも作品を発表する。

暮らしの「大切なこと」を拝見します。

小箱に収められた、お父さまから贈られた写真集。

同じ質問、それぞれの答え。
平野太呂さんの場合。

Q ずっと手元にある本、何度も読む本を教えてください。

Ⓐ カメラマンになったときに、父（装幀家・平野甲賀氏）がくれたレス・クリムスというアメリカの写真家のカード式写真集。自分なりのテーマを持ち、作品をまとめる姿勢などに、影響を受けました。

Q 部屋にあるもので一番のお気に入りは何ですか？

Ⓐ 自宅の書斎の壁にあるオープン棚。長年の友人である鎌倉の「イヌイットファニチュア」の犬塚さんに作っていただきました。

Q いま勉強していること、身につけたいことは何ですか？

Ⓐ 楽器の演奏。最近友人とバンドを組み、ベースを担当しています。ほとんど初心者ですが、新しい人間関係が生まれそうで楽しみです。

Q 健康のために心がけていること、習慣にしていることは？

Ⓐ 朝ごはん・昼ごはん・夜ごはんを、なるべく決まった時間に食べるようにして、生活のリズムを整えるようにしています。

Q 趣味について。何をどんなふうに楽しんでいますか？

Ⓐ 中学生のころから、趣味といえばスケートボード。最近は自分でボードを削ったりして、乗り心地を調整しています。

Q 最近、一番うれしかったことは何ですか？

Ⓐ ギャラリーで『投票／VOTE』展を企画したとき、準備期間がほとんどないのにもかかわらず、友人のアーティストが多数参加してくれて、とてもいい展示になったことです。

Q 元気がないとき、どうやって気持ちを切り替えますか？

Ⓐ 家から仕事場、仕事場から事務所などに移動するときの、車の運転が、自分には大きな気分転換になっています。

Q 一日のなかで、一番大切な時間はどんなときですか？

Ⓐ 家で娘と遊んでいる時間です。朝、仕事に向かう前のほんの数分や、帰宅して娘が寝る前の短い時間でも、とても貴重に感じています。

（右）自転車も趣味のひとつ。いろんなパーツを選び、カスタマイズするのがおもしろい。（左）オープン棚には、そのとき自分が気になっているものをいくつか飾っておく。

20年近く愛用している「能率手帳」。時間管理はすべてこれ1冊。

「VANS」のスニーカーは、デザインされ過ぎてないところが好き。

車の運転は、気分の切り替えに最適。

いつでも車に乗せているスケートボード。

米国のアーティスト、アルマ・アレン氏からいただいた木のオブジェ。

平野太呂さんの暮らしのヒント

ギャラリーも家庭もひとつの「場」。「場」をすこやかに保つと「何かをやりたい」という生き生きしたエネルギーが自然に集まってきます。

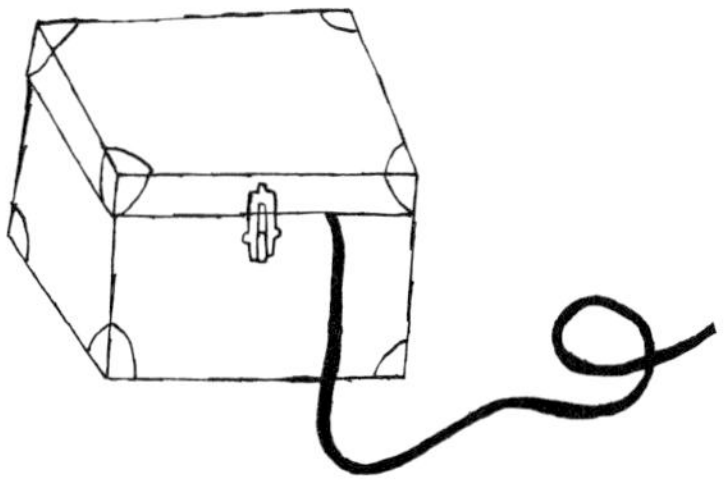

今日はなにを

1 「家族」という単位が元気であることが、暮らしの基本です。自分だけが健康でも意味がなく、家族全員がそれぞれの役割を果たしつつ、その関係がすこやかであることを大切にしたいです。

2 家庭は共同生活の場。自分を押し通すのではなく、少し譲ることでうまくまわることも多いと思います。

3 子どもに対して「これは駄目」「あれは間違っている」といったことを言いたくありません。子どもの可能性を摘み取るのではなく、見守り、育てていく姿勢を持ち続けていたいです。

4 一日のうち、たとえ短い時間であっても、子どもと過ごす時間を大切にしています。子どもの成長を見守れますし、ただ一緒に時間を過ごすだけでも、伝わる何かがあるようです。

5 食卓で出されたものは、いつでも気持ちよく食べ、残さないようにしています。作ってくれた人の気持ちがうれしいですし、残すことが好きではないからです。

6 手帳は長年、同じものを愛用しています。時間の管理もすべて、この手帳で行い、あとから見返すと日記代わりにもなります。

7 幼いころから、「遅刻してもいいから、朝ごはんを食べなさい」と両親に言われて育ちました。いまでも朝ごはんは必ず食べるようにしています。家族がそろう、大切な時間でもあります。

8 仕事と社会的な活動と家庭、この3つが刺激し合って、いまの自分を作っています。どれも必要不可欠なもので、3つのバランスを健全に保つことを心がけたいと思っています。

9 スケートボードや音楽など、仕事以外の好きなことを一緒に楽しめる仲間を大切にしています。共通の趣味で集まった仲間は、大人になっても垣根なく付き合える、貴重な存在です。

10 洋服はいつも自分の定番を探すようにしています。身につけている安心感がありますし、着こなしに迷うこともありません。

11 気に入っている本やものは、しまい込まないようにしています。ふと目に入ったときに、次に自分が作るもののヒントを与えてくれる、インスピレーションの素になるからです。

12 家、仕事の現場、事務所への移動はすべて自動車。車を運転する時間は、自分をリセットできる大切な時間です。心をからっぽにして運転に集中することで、逆に気持ちがほぐれ、次の行動へすみやかに移れます。

13 必要以上に自分を大きく見せたり、見栄を張ったりしません。緊張したり、うまくできない自分も、素直に受け入れます。

14 作れるものは、なるべく自分で作りたいと思っています。手を動かすことは、達成感もあり、大きな楽しみでもあります。

15 人付き合いが苦手でも、苦手な自分を自覚していることが大事だと思っています。その自覚が、少しずつでも進歩するきっかけになるからです。

16 衝動買いはしません。ほしいものがあっても、一度その場から離れ、「本当にそれが好き？」と自問してから買いに行きます。

17 ものとの付き合いも、長く大切にしたいので、好きでも嫌いでもない、間に合わせのようなものは買わないようにしています。

18 大量の情報があふれる時代ですから、自分から無理に追いかけようとは思いません。心をフラットにしておけば、情報は、必要なときに向こうからやって来ると思っています。

19 ネット検索でたどり着いた手軽な情報より、自分で苦労して手にしたわずかな知識のほうが楽しいもの。その楽しさを、忘れないようにしたいと思います。

20 ギャラリーを運営することは、自分と仲間たちが伝えたいことを表現する「場」を持つことでもあります。心理的な距離があると感じている人とも、「場」があることで何かを共有できる可能性が広がります。

挿画　秋山花

時間のヒント
たとえばこんな、わたしの一日

吉沢久子さんの一日の過ごし方
執筆、来客、隙間時間に家事。ひとり暮らしを生き生きと

8時30分　起床、片付け
ひとり暮らしの自分をご近所さんがいつも心配してくれるので、まずは雨戸を開けることで、今日も元気ですとお知らせします。前夜にくたびれて台所が散らかっていたら片付け、机の上もこのとき片付けます。新聞は4紙を購読。見出しだけ目を通し、夜ゆっくり読むこともあります。

10時　朝食
パンと紅茶が定番で、それにほうれん草ソテー、目玉焼き、ポタージュなど、しっかり食べます。パンは「紀ノ国屋」のイギリスパンや、冷凍しておいた友人手作りのものなど。紅茶は大好きで、ダージリンの新茶が出たら求めたり、贈り物としていただいたりで、いまは7~8種類そろっています。家族で暮らしていたときは、朝食が家族全員が集まる唯一の時間で、イギリス帰りの義母は「朝ごはんはしっかり」という考えでした。女子栄養大学創設者の香川綾先生からも「朝食はきちんととること」と若いころに教わりました。

朝食の準備

昼食はとらず
おやつをつまむ

11時　家事、雑用、仕事
手紙の返事を書いて郵便局に行ったり、仕事の資料を読みます。仕事の集中力を途切れさせないため、何十年も前から昼食抜きが習慣になっています。途中でお腹が空いたときは、甘いものやお煎餅をつまみます。

12時ごろ　執筆、家事
はっきり開始時刻は決めていませんが、雑事がひと段落ついたら、執筆にとりかかります。長年連載している『新潟日報』の週1回のコラムのほか、月刊誌の連載や不定期ものなど。まだ書きたいと思うときは、夕食後にも書くことがあります。今日は書かなくてよい、という日は作り置き料理をこしらえたり、庭の草取りをしたり、物置のスペースを片付けたり。ちなみに床掃除は、小型のスタンド式掃除機を寝室と書斎に1台ずつ置き、時間のあるときにさっとかけます。そのほか、果物やお菓子などのいただきものも多いので、来客にお裾分けができるように小分けにしたり、執筆のない日はないなりに、何かとこまごまやることがあります。

18時30分　夕食
作り置きを活用するほか、たびたび手作りの惣菜を送ってくれる友人がいるので、食事の準備はそれほど時間がかかりません。友人たちがおいしいお弁当やお酒を携えて訪ねて来たり、自宅で恒例の勉強会を開いたあと、大人数で宴会になることもあります。

20時　くつろぎ、入浴、洗濯
台所の片付けをしたら、テレビを見たり、本や読み残した新聞などを読んだりして、ゆっくり過ごします。『新潟日報』の投書欄は、地方の方々の暮らしを知ることができるので、特にじっくり読みます。テレビは刑事ものが好きで、おもしろい番組があれば、遅くまで見てしまうことも。23時からはニュース番組を見ます。入浴後に洗濯をしますが、少量の場合はお風呂場で手洗いすることもあります。

24時ごろ　就寝
興が乗れば24時過ぎまで、読書をしたり、テレビを見ていることもあります。

さっと掃除機をかける

挿画　川原真由美
取材・文　大平一枝　渡辺尚子　田中のり子

中村好文さん・夏実さんの一日の過ごし方

朝食と晩酌のひとときは、忙しい一日のさりげない句読点

6時30分　起床、血圧測定、メールチェック

わたし（夏実さん）も彼も、不規則なペースの仕事で、出張することが多いので、「ふたりがそろって東京にいる場合の、ある一日」をご紹介します。

起きたらまず、血圧を測ります。ここ数年でともに血圧が高めになってから始めたことですが、義務感でというより、何となく習慣化してしまった感じです。そのあとは、それぞれパソコンのメールチェックを20分ほど。夜は疲れて寝てしまうので、メールチェックはしません。夏は、さっとシャワーを浴びながら洗濯機を回します。

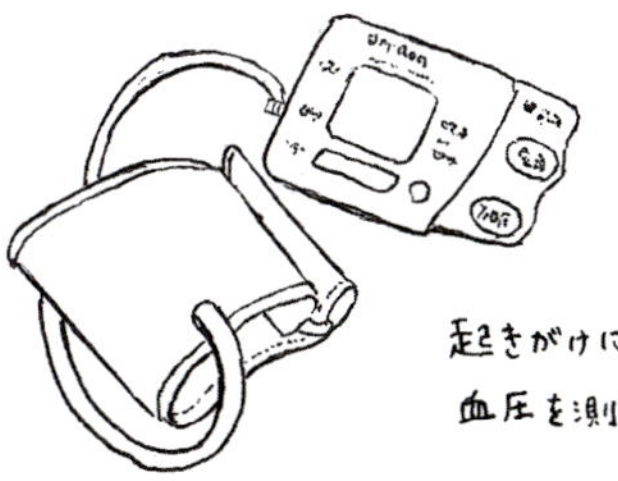

起きがけに血圧を測る

7時30分ごろ　朝食の準備

ふたりで台所に立ちます。いつものことなので互いの作業分担もわかっていて、それほど時間はかかりません。作りながら調理道具を洗っていきます。

8時ごろ　朝食

蒸し野菜、ヨーグルトなどしっかり食べます。一日のなかで、夫婦でゆっくり話せる貴重な時間です。

9時30分　出勤、家事、仕事

彼は自転車でアトリエに向かいます。川沿いの道を気持ちよく走って15分です。アトリエでは設計のほか、クライアントや工務店などと打ち合わせをしたり。ときどき、早朝から昼まで、家で原稿を書くこともあります。わたしも葉山で開くギャラリーに行ったり、展示会やイベントの準備で、ほとんど外に出ています。家でデザインワークや事務仕事などをするのは週に1度くらい。そういう日は午前中にまとめて、片付けや洗濯などの家事をします。

自転車でアトリエへ

13時　昼食

パンとパテ、前夜のスープなど。朝しっかり食べるので、昼は軽食です。一方、彼はアトリエにいる場合、スタッフと賑やかに昼ごはん。食材の買い出し、料理、テーブルセッティング、お茶の用意、片付けと、くじ引きで当番を決めており、彼も割り振られます。ただし、仕事が多忙を極めているときは、スタッフから「仕事を優先してください」と言われるとか。わたしは、余裕があるときは、食後に15分ほど昼寝をします。

14時　仕事、家事

読書や休息を少ししたあとは、残りの仕事にとりかかります。午前中にやり残した家事を済ませたり、食材の買い物に行くことも。彼も夜まで仕事に集中します。

21時　夕食

週に1日くらいは、ふたりでそろって夕食をとることもありますが、それ以外はそれぞれに済ませるのが長年のスタイル。わたしはひとりの食事でも、何かしらメインのおかずひと品は用意します。あとは常備菜などを並べます。彼は出先で外食をしたり、アトリエでスタッフと作って食べています。

22時30分ごろ　帰宅、晩酌

彼が帰宅したら、ふたりでお酒を少し飲みます。ワイン、ビールなど、その日の気分に合わせて、本当に軽く1〜2杯で一日を締めくくる感じです。夏はベランダで夜風に吹かれながらいただくことも。

23時30分ごろ　入浴、洗濯

どちらかが入浴中に洗濯をすることもあります。洗面所の脱衣かごは、廊下側からも取り出せるようになっており、その隣の扉の中に洗濯機が。この家事動線はなかなか動きやすいです。

24時ごろ　くつろぎ、就寝

寝室でテレビのニュース番組を見たり読書したりしてくつろぎます。ただしふたりとも、ベッドに入ると数秒でもう寝息を立てています。

洗濯は手早く済ませる

日比ななせさんの一日の過ごし方
食、絵画、お風呂から活力を得て、その力を仕事に還元していきます

5時ごろ　目覚める
起床する前に、布団の中で、仕事全般に思いを巡らせます。この時間帯は感覚が鋭く、よい方向のアイデアを思いつくことが多いようです。

7時　起床、お祈り
神さま仏さまとご先祖さまに、お水とお線香を供えて手を合わせます。子どものころからの習慣です。小さいころは「○○したいのでよろしく」と願望一辺倒でしたが、お願いばかりするのは不遜だと気づいてからは感謝のみ。いまは、お詫びばかりです。昔の人は弱音を吐かず泣き言を言わないので、若いころは気づかなかったことも多いのですが、自分がこの歳になって両親の思いを実感することが多くなりました。

7時30分ごろ　朝食、体操、身支度
朝食は活力の元。フルーツとヨーグルトを中心に、身体によいものをたっぷりいただきます。食後は子どものころ覚えたリトミック体操（リズム体操の一種）を毎朝欠かしません。

ずっと続けているリトミック体操

8時　仕事の連絡
工場関係は朝が早いので、始業前に電話を入れます。担当者をつかまえやすいし、ここでの交渉結果がよいと、足取りの軽い一日になります。

8時過ぎ～10時　家事
お弁当を作りながら夕食の準備をします。野菜中心の大きなお弁当です。両親の時代からの長いご厚意で、千葉から無農薬野菜を届けていただいています。とれたばかりの野菜は、太陽の匂いとエネルギーではちきれんばかり。このすべてを余すところなくいただくことで、活力が生まれ、ひいてはそれが店の力になると思っています。出勤前にもフルーツをいただきます。

10時ごろ　出勤
取引先に直行し、その足で金融機関を回ってから、銀座の月光荘店舗へ向かいます。仕事は生き物のように変化しながら挑んできます。その都度状況に応じて対処し、現場に指示を出します。

13時ごろ　昼食
取材や面会、4つの関連会社の仕事の合間を縫って、お弁当を食べます。

16時以降　展覧会巡り
案内や招待を受けた展示会、月光荘の4カ所の貸し画室などに顔を出します。オープニングパーティーは開始時間が重なっていることが多いので、複数の会場を回るときは、脇目もふらず、ものすごいスピードで歩いています。たいていの展示は毎年一回行われます。作家さんによっては、一年の間にエネルギーがほとばしるように画風が変化していることもあれば、目になじんだ懐かしさを覚えるものもあります。どんな作品も、一日の労働のあとにほっと息がつけたり、明日への活力が湧き出てきたりと、自分に力を与えてくれます。この銀座の夕べは、大変貴重な至福の時間です。

20時ごろ　帰宅、夕食、入浴
帰宅時間は展覧会巡りの時間次第なので一定しませんが、遅くとも20時ごろまでには帰宅して、夕食をとります。21時までにお風呂に浸かります。これがわたしの一番好きな時間です。お湯の中で身体を伸ばして、身も心も裸になったとたん、すべてがリセットされ、自分だけの時間に入ります。長男・次男の若奥さんたちや娘から贈られた入浴グッズの香りに包まれるうち、経営者から母親に、また女性に戻ります。

22時以降　就寝
大喜びで身体を布団にどさっと預け、本や雑誌など活字を追いながら眠ります。

月光荘に着くとスタッフに指示を出す

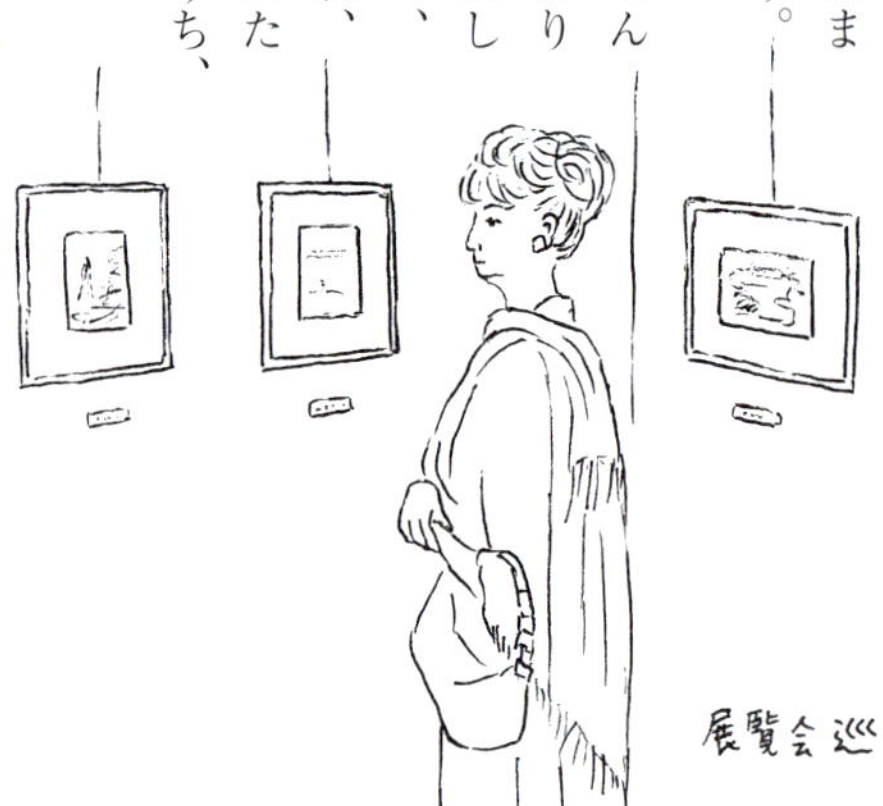
展覧会巡り

栗辻早重さんの一日の過ごし方
どんな仕事も楽しめるように
一日の段取りを考えて動きます

8時ごろ　起床、庭木の水やりなど

一日の過ごし方は毎日変わりますが、たとえば、こんな調子です。

ベッドから出たらまず庭の草木に水を与えます。ホースで庭の隅々まで水を放つと、土と草の香りが立ち上ってきて、ほっとします。外へ出て玄関先の掃除をしていると、近くの小学校へ通う子どもたちが通りかかります。目が合うと、児童たちのほうから元気にあいさつしてくれます。最近の子どもはなかなかしっかりしています。

8時30分　シャワー、朝食

シャワーを浴びてすっきりしたあと、朝食をとります。朝にたくさん食べると身体が重く感じるので、軽めの朝食にしています。食べながら、限られた一日の時間をどう使うか、段取りを組んでいきます。時間は大切です。室内の時計は数分だけ進めておき、常に心の余裕を作っています。食器を洗ってから、身支度を整えます。

9時30分　買い物

近所のスーパーマーケットへ車で向かい、1週間分の食材を求めます。ここから「段取り」が始まります。店の開店時間より、早めに到着するようにして、なるべくよい駐車スペースをとっておきます。買った食材を、すぐに車に運び入れたいからです。自分の食べる分に加え、娘たちが経営するデザイン会社のスタッフたちの毎日の夕食もありますから、ショッピング袋を6つも7つも提げることになります。たとえば玉ねぎも一度に20個ほど買います。なるべく大きいものを選んで買い物かごに入れます。

庭木の水やり

10時過ぎ　夕食の下ごしらえと仕上げ

買ってきた食材の下ごしらえをして、冷凍します。酒で洗った鶏肉を鰹梅しょう油に漬け込み、ロールキャベツを作り、ひき肉を丸めて揚げる、など。冷凍庫は満タンになります。漬けた鶏肉はホットプレートで焼くだけでおいしいおかずになります。肉団子は甘酢あんで中華ふうにしてもいいし、トマトソースでイタリアふうに展開することもできるし、和ふうの鍋ものにすることもできます。ストックがあると、疲れているときや忙しいときに「あれがあるから何とかなるか」と思え、心のゆとりができます。忙しいときは、レトルトのスープやタイカレーも大いに活用しています。

11時前　娘に夕食を渡す

娘が車で夕食を受け取りに来ます。大鍋と保存容器にスタッフ8人分のおかずを入れ、大きな袋に入れて手渡します。スタッフの多くは若い女性。元気いっぱいで、夜遅くまでよく働き、よく笑い、よく食べます。

13時　昼食、仕事

サンドイッチなどを食べたあと、仕事にとりかかります。メールをチェックしたり、娘たちの会社の事務仕事を手伝ったり、アトリエで絵本制作をしたりします。

18時ごろ　夕食

20時ごろ　映画鑑賞

DVDで映画を見ます。玉ねぎの皮むきなどは、映画を見ながらします。また、「明日は集中して仕事をしよう」というときは、部屋の掃除をしておきます。家事をするコツは、いやにならないよう工夫をすることだと思います。楽しいことをしながら作業をしたり、考え事をしながら別の仕事を進める「ながら」仕事は、寿命を倍生きるような、得をした気分になります。

23時ごろ　入浴、就寝

あっという間の一日を過ごし、ベッドに入ります。

スタッフの夕食

映画鑑賞をしながら
下ごしらえ

大原千鶴さんの一日の過ごし方
時間をできるだけやりくりして、仕事、家事、子育てに生かします

6時　起床、朝食作り、洗濯
目が覚めてから20分ほどは布団の中で過ごし、その日一日をどう過ごすか考えます。床を離れたら、まず自分のためにコーヒーを淹れ、朝食の支度を開始。それと同時に、洗濯機を回します。

7時　朝食、洗濯
NHKのニュースを見ながら、家族で朝食をとります。食べているときに、2回目の洗濯をスタート。

8時15分　家事
子どもたちが登校したら、食事の片付けと3回目の洗濯をします。洗濯物は屋上に干します。子どもが散らかしたものの片付けと、家中の掃除機かけと拭き掃除は、毎日必ず行います。ぬか床を混ぜたり、花を活け替えるといったことも、この時間に行います。

10時　ランニングまたは畑仕事
撮影や料理教室がない場合は、近所の鴨川沿いを6㎞、40分ほどかけて走ります。汗をきちんと吸収する専用のスポーツウエアに着替えて走り、家に戻ってシャワーを浴びて着替えるまでを、なるべく1時間以内に収めます。ランニングの代わりに畑仕事をする場合も、この時間帯です。

11時　買い物、昼食作りと夕食の仕込み
近所のスーパーや八百屋で食材の買い出し。ちょうどこのくらいが、京都近郊でとれた野菜が店に届く時間帯。それ以外の食材も、午前のほうがいい品がそろっているので、早く行くように心がけています。帰宅したらすぐに昼食の支度。同時に、買ってきた野菜を切って下ゆでをしたり、夕食の仕込みも終えておきます。

新鮮な食材を求める

12時　昼食
自営業の夫と一緒に昼食。野菜のおかずを中心に、しっかり食べます。ただし午後は頭を使う仕事をするので、眠くならないよう、ご飯の量は少なめに。

13時　仕事
自分の仕事を開始。料理教室や雑誌で紹介するメニューを考えたり、レシピや原稿をまとめたり、腰を落ち着けてじっくり取り組まなくてはいけないものを、この時間に集中させます。ランニングや畑仕事で一度頭をからっぽにすると、集中力が増すようです。

16時　子どもの帰宅、夕食作り
子どもの塾や習い事があって、簡単なお弁当を持たせることもあるので、その場合は夕食と一緒に作ります。塾のない日は食卓で宿題をするのを見てやりながら、塾や学校とのやり取りなどを済ませて、夕食の支度を。下ごしらえは済ませているので、20～30分程度でできます。

19時　夕食、後片付けなど
NHKのニュースを見ながら、家族で晩ごはん。日々の料理はさほど手をかけませんが、旬の食材をふんだんに使い、心を込めることが、家族の身体と心を育むと思っています。後片付けを終えたら、子どもたちを順にお風呂に入れ、さまざまな家の用事を済ませます。

22時　メールチェック、くつろぎ、入浴
子どもたちが寝静まったあと、パソコンでメールを確認します。時間に余裕があるときは、本を読んだり、夫とお酒を飲んだり、夜の時間を楽しみます。疲れがたまっている日は、ゆっくり時間をかけてお風呂に入り気分を落ち着けると、そのままコトンと眠れます。

24時　就寝
わが家は座敷に家族4人の布団を並べて寝ています。冬の寒い日も、子どもの隣で眠ると、ポカポカと温かく、幸せな気持ちになれます。

一汁三菜の昼食

台所で子どもたちと過ごす

井出恭子さんの一日の過ごし方
家事が負担にならないように、時間の使い方をバランスよく工夫

7時30分　起床・掃除
起き抜けに常温の水（冬は少し温めた白湯）をコップ2杯飲み、掃除を始めます。ハタキと、ほうきや掃除機をかけ、必要があれば拭き掃除をします。時間があるときはマットを敷いてゆっくりストレッチをしたり、天気がいい日は掃除の前に、散歩がてら、近所のパン屋に買い物に行くこともあります。

8時30分ごろ　朝食
ナッツとドリンクの朝ごはんをいただきます。起きる時間が早いほうではないので、お昼ごはんをしっかり食べるためにも、朝は軽めにしています。

9時　メールチェック
時間に余裕があるときは、仕事のメールも自宅で一部目を通します。仕事場に着いたらすぐに仕事にとりかかれるように、その日やることについて考えを巡らせ、事前に頭のなかを整理しておきます。

10時　出社
仕事場へは車で20分ほど。

10時20分　仕事開始
仕事内容は、日によってまちまち。取引先や生産関係の方々に会ったり、商品についての問い合わせのメールに返信したり、デザインのための調べものをしたり。朝のうちに頭で整理していた、その日の優先順位に従って作業を進めていきます。

12時30分　夕食の買い物、昼食
夕食の買い物に出かけます。仕事が終わってから行くと、疲れているし、負担になってしまうので、昼間の気持ちのいい時間帯に行くのがコツ。その足で昼食へ。

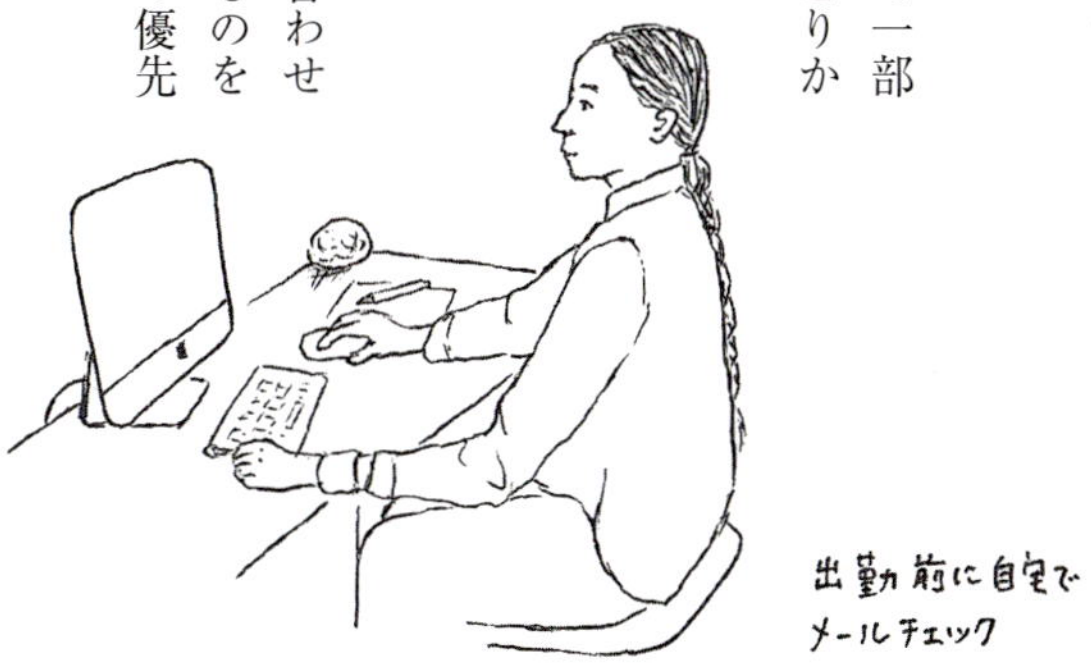

お弁当を持って行ったり、出前を頼んだり、店に入ったり。特に決まりはなく、その日食べたいものを選びますが、ゆったりと時間をかけ、量はしっかりと。この時間に、仕事のパートナーでもある夫と、業務にまつわる話し合いや連絡・確認も行います。

14時30分　仕事再開
午前中に終わらなかった仕事を、引き続き行います。

20時　帰宅
比較的仕事が立て込まない時期は、このくらいの時間で切り上げます。車で帰宅。車通勤だと「帰り道にちょっと立ち寄って買い物を」ということがむずかしいので、その点でも、昼間の時間帯に買い物を済ませておくと、気分がとても楽なのです。

20時30分　夕食の支度
家に着いて、すぐに準備を始めます。下ごしらえをしていることが多いので、40分ほどでき上がります。食べる時間が遅いので、夜はお粥、ポタージュ、煮込み料理など、胃に負担の少ないものを中心に。鍋を火にかけていて、手が空いている間に、ポタージュの素になる野菜ペーストなど、翌日以降の仕込みもしておきます。

21時30分　夕食
1時間ほどかけて、ゆっくりと食事をとります。この時間も、昼食に引き続き、夫と仕事の連絡やプライベートの話をします。夫婦で一緒に仕事をしていると、話が途切れることがありません。

22時30分　夕食の片付け、読書など、入浴
録画しておいた映画を3～4回に分けて見たり、インターネットで調べものをしたり。寝つきをよくするために、夜はメールを開きません。入浴は疲れが取れるように、ぬるめのお湯にゆっくり浸かります。

25時　就寝
眠る前にも、コップ1杯の水を飲みます。自己流ですが、足裏マッサージをすると、身体の中の巡りがよくなり、ぐっすり眠れるようです。

庄司勝子さんの一日の過ごし方

野花や猫たちと過ごす時間から活力をいただいています

6時30分〜7時　起床、朝食

寝室を出て、庭の緑を見下ろしながら階下へと降ります。野花は力強く、どの季節のものでも心動かされる美しさがあります。手入れが大変と思われがちですが、せいぜい年に一、二度下草を刈るぐらいで、ほとんど手はかかりません。居間の戸を開けると、2匹の猫が競って庭に飛び出します。庭木に登って野鳥を追いかけたり、草むらに飛び込んで虫をとったり。その無邪気な姿を見ていると、自然と口元がほころびます。身支度を整えたら、ご飯を炊き、野菜を湯がいて朝食の支度をします。両親と夫の位牌にご飯と水をお供えしたあと、勤めに出る娘と一緒に朝食をとります。

8時ごろ　家事

猫に食餌を与え、部屋の掃除、ときには庭仕事をします。花を活けるのもこの時間です。ふと目に留まった草花を手折って、古道具や器に活けるのです。家の中に何かしら活かっていないと、何となく心が落ち着きません。自然とはよくできたもので、どんな小さな草花も、花と葉のバランスが完璧だと感じます。なぜか部屋に花が活かると、部屋の雰囲気が生き生きしたような気がします。

10時ごろ　仕事場へ行く

銀座の店へ向かいます。神谷町で野花を扱う店を開いたのは1995年のことで、その2年後にいまの場所に移りました。いまはスタッフが育ち、水あげや店頭での接客は彼女たちに任せています。店には、長年付き合いのある生産者や農家から、庭に咲いた花、畑の脇に咲いた花、野山に育った花などが送られてきます。なかには、ついでにとったのでしょう、新聞紙にくるまれた山菜が、野花の荷に入ってくることもあります。野花をとる場合、そのあとにも生えてくるように根こそぎとったりせず、咲き加減のよいものだけを切っていただくのが鉄則です。季節の空気を楽しみながら野山を歩く人のほうが、楽しい花を集められるような気がします。仕入れた花は、新聞紙にくるんだままたっぷりの水につけます。葉先まで水が行き渡り、野花本来の力がみなぎったところで、店内に並べていきます。花の鉢ものや寄せ植えにも充分な水を与えます。花の香りや水の匂いに惹かれて、蝶やとんぼが飛んでくることもあります。わたしは入荷した花を眺め、スタッフと打ち合わせをしたあと、事務所で出版の仕事。著者との打ち合わせや印刷所とのやりとりなどをします。

庭の野花を活けるのが毎日の習慣

12時前後　昼食

近くのデパートで買ったお弁当をよく食べます。

13時ごろ　仕事

再び仕事にとりかかります。スタッフは店頭で接客。わたしは事務所で出版の仕事をしたり、店の仕事を手伝ったりします。

18〜19時すぎ　帰宅

仕事を終えて家に帰ります。玄関をくぐると、猫たちが走り寄ってきます。

20時ごろ　夕食

朝のうちに多めに作っておいたおかずやご飯を温めて、夕食にします。数年前の健康診断で、血圧に注意するように言われてからは、食事の内容に気を配るようになりました。いまは塩気を控え、海藻や野菜を多めにとるようにしています。

22時〜23時　入浴、就寝

食事のあとはテレビを見たり猫の相手をしたりしながらぼんやりと過ごし、心身を休めます。お風呂に入ったあと、布団の中で本を読みながら眠りにつきます。

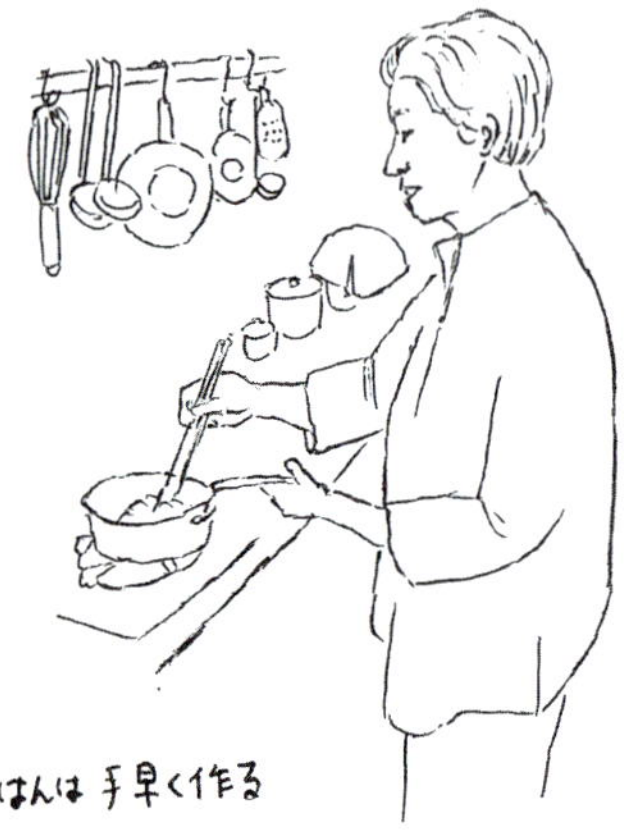

晩ごはんは手早く作る

庭のような趣の店先

森田　直さん、和子さんの一日の過ごし方
朝のうちに家事を済ませ、夜はゆっくりくつろぎます

4時30分　起床、犬の散歩

わたし（和子さん）は若いころから、目覚まし時計をかけなくても自然に起きられます。身支度をしたら、13年来欠かさぬ日課である愛犬ミレの散歩。ミレは雨の日でもかまわず散歩に出かけたがるので、そのときはレインコートを着せます。近所を30～40分ほどかけてぐるりと巡って帰ってきます。

5時30分　家事、古裂《こぎれ》の手入れ

洗濯や掃除などの家事は、朝の1～2時間ですべて済ませます。また、店で扱う古裂の手入れも、この時間に行います。仕入れた古裂は汚れていることが多いので、ドライクリーニングが必要な更紗などを除き、手洗いまたは洗濯機できれいにするのも大切な仕事です。

8時　朝食

遅れて起きる夫と娘と、3人で朝食をとります。メニューは、トーストかオートミールに、ヨーグルトや果物を添えたものなど、軽めです。6時台から朝食の間まで、テレビはニュース番組のほか、NHKの子ども向けの教育番組をつけていることが多いです。日本語や伝統芸能を題材にしたものなどがあり、案外おもしろいですし、元気をもらえます。

8時50分ごろ　出勤

夫とふたりで車に乗って、南青山の店に向かいます。夫は月に1～2度は、京都や東南アジアなどへ買い付けの旅に出ているので、そのときはわたしひとりで出勤します。

散歩は欠かせない日課

9時20分ごろ　店に到着、掃除

まず、床を掃いたり棚を拭いたりと、店内の掃除をします。布ものを扱っていると埃が出るので、毎日の掃除は欠かせません。夫はカウンターで古裂にアイロンをかけるのが、仕事のウォーミングアップになっているようです。

10時　開店、仕事

接客の合間に古い着物をほどいたり、夫は買い付けた品々に値札を付けたりします。店には、何十年来のお付き合いのお客さまが地方からふらりとお見えになり、お目当ての品を手に、お元気そうに近況を話されてお帰りになることも。わたしたち夫婦にとって、幸せなひとときです。

14時ごろ　昼食、仕事

夫は近所に遅い昼食に出たあと、その足で湾岸にある倉庫に向かうことがよくあります。倉庫には買い付けた品々が並び、それを整理するのは夫にとって大変楽しい時間のようです。わたしは午前と変わらず、接客と古裂の手入れにいそしみます。

19時　閉店、スーパーで買い物

夕方までに夫が店に戻り、ふたりで店を閉め、帰り道にあるスーパーで食材を買います。

20時ごろ　帰宅、晩酌、夕食

わたしが夕食の支度をする間、夫は自分でお気に入りの晩酌セットを準備して機嫌よく飲んでいます。ワイン、クラッカー、チーズ、ビン詰めのうに、というのが最近の定番。いずれも夫が見つくろってきたものです。夫は買い付けた品々の話など、その日一日のことを楽しそうに話してくれるのですが、わたしは朝が早いので、途中で眠くなってしまうこともしばしばです。

22時ごろ　就寝

入浴後は、ベッドに本などを持ち込むものの、すぐに寝入ってしまいます。夫はこのころまで晩酌を続けていて、そのあとはベッドで夕刊に目を通し、23～24時ごろ、眠くなったら就寝します。

長いお付き合いのお客さまと語らう

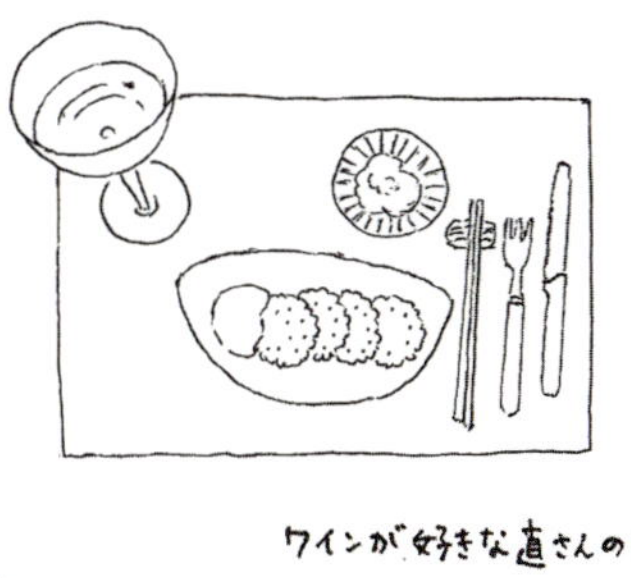

ワインが好きな直さんの晩酌セット

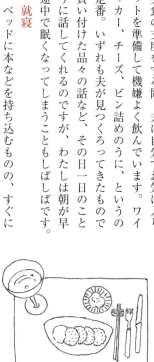

第2章　50代、60代　わたしの暮らしのヒント

どんなことでも、何かをなそうとするとき、
気持ちに力をぐっと込めて向き合い、取り組みます。
そして、自分ひとりではできないこと、身近な人や世の中との
つながりの内にあって初めてできることに気づきます
大きなものに包まれて、その恵みを手にしたとき
また、新しい自分らしさが見えてきます。

庄司勝子　68歳

野花は作為がなく、巧まずして咲きます。あるがままの草木の姿には、人の手で栽培された植物とは違う、生命力と美が感じられます。

松林誠　51歳

ものも情報も、少ないほうが豊かに暮らせる場合があります。際限なく増幅する余分なものを省くと、自分の価値観が見えてきます。

中村好文　65歳
夏実　65歳

人生はレールを敷かないほうがおもしろいし、道はいくらでもあると思っていたほうが、強く生きられると思います。

原 由美子 68歳
晩年はスーツ2着で通したというココ・シャネルが理想。美しく暮らすために、ものをもっと減らしたいと思っています。

日比ななせ 67歳
乗り越えられないと思うような途方もない目標も、まずは小さな一歩を踏み出すことです。そうすることで、自分の気持ちも動かせます。

ひびのこづえ 55歳
ひとりでがんばり過ぎず、もっと人に心を開いて関わっていったほうが、ずっと人生は楽しく、うるおい豊かなものになると思います。

写真 後藤啓太（46～52頁、68～74頁） 一之瀬ちひろ（54～58頁、76～80頁） 松本のりこ（60～66頁）
取材・文 大平一枝（46～53頁） 渡辺尚子（54～67頁、76～81頁） 成合明子（68～75頁）
イラスト 阿部伸二（44～45頁）

65歳　中村好文さん（建築家）
65歳　中村夏実さん（染織家）

いまを精いっぱい慈しみながら、自分らしく生きる

わたしたちの朝ごはん

蒸し野菜と蒸し豆腐、ブルーベリーソースと紅芋酢をかけたヨーグルト、果物など。野菜と豆腐には、ヘーゼルナッツオイル、紅芋酢、塩コショー、すりごまなど好きなものをかける。おかずがたくさんの日はパンを食べない。

愛用の道具や家具が、
必要な場所にちゃんとある。
けっして広くはないけれど、
大きな満足が宿る住まい。

朝食の支度はふたりで。ひとことふたこと言葉を交わすだけで、10分程度ででき上がる手際よさ。

広さ2畳のコックピットのような書斎。住宅設計と家具デザインのほか、原稿執筆の仕事も多い好文さんの、思索と呻吟の場。

キッチンのコーナー。形がバラバラな調理道具は、レールとS字フックで吊して収納している。朱色の漆器は塩壺。

造形に惹かれ、旅先でも買い求めるなどして何となく集まったという好文さんの蟬コレクション。台湾の玉市《ぎょくいち》で求めた含《がん》蟬《せん》から、石けん製、ブローチ、実物まで、さまざま。

足りないものは何もない。等身大の住まいの居心地

「飛行機のギャレー（機内食の準備をする場所）みたいにしたかった」と、建築家の中村好文さんが言う自宅の台所は、ふたりが作業をするのにちょうどいいコンパクトなサイズ。妻の夏実さんは、「狭いといえば狭い。なのに、意外に動きやすいんです」と語ります。

そもそも、この家そのものに、「建築家の自邸」から連想されるようなスタイリッシュな雰囲気がなく、むしろその小さく軽やかな佇まいに驚かされます。「作品」というより、まさに自分サイズに仕立てた、ふだん着のような住まい。非日常をハレ、日常をケと言いますが、中村邸はケの日をいかに居心地よく、明るく愉快に過ごすかを、一番大切に考え抜かれた住まいのように見えます。好文さんはこう言います。

「たぶん、鍋釜などの台所道具も、ふつうの家より少ないほうだと思います。でも、それで充分。ものの量も広さも、等身大の自分たちの暮らしに釣り合っていればそれでいい。暮らしを質素に、という思いはいつもあります」

住宅の原型としての小屋から学ぶことが多かったという好文さん。約3.7メートル四方のル・コルビュジエの休暇小屋のように、何もないのにすべてがある、いわば、足るを知るという思想の断片が、自宅のあちこちに具現化されています。3畳の台所のほか、障子一枚を開け閉め

（上）ワイン搾り用の木製ねじ。彫刻家、ブランクーシのアトリエで見て、好文さんが長年探し求めていたもの。（下）海外の浜辺で拾った貝、クートラスの作品、ミコノスの彫像など。ときどき入れ替える。

瓶や焼き物が好きな夏実さんは、いくつかを居間の一角にしつらえている。古い九州の水筒、日本のじょうご、李朝の白磁瓶、黒田泰蔵氏の白磁花入など古今東西、多様な出自の白い焼き物が並ぶ。漆の匙は赤木明登氏作。

すれば客室にも居間にもなる部屋、階段の上の可動式廊下、それをたどった先にある読書ベンチと、この小さな家には創造力あふれる空間が内包されています。

互いの世界を持ち、尊重し合う

美大で知り合って20代半ばで結婚。以来、生活をともにして40年余。好文さんは、「子どもがいないからかな。ふたりの関係と暮らしぶりに変化がないので、ぼくたちは、子育てをした夫婦と時間のものさしが少し違うかもしれませんね。だから、変化とか転機とか聞かれても困ってしまうんです」と語ります。

夏実さんは長年、美術教育に携わるかたわら、染織を続けていました。退職後、２００７年には、ラオスやカンボジアの織り手と協力して布作りをする活動を仲間と始めます。退職を決めたとき、好文さんには「辞める」とひと言告げただけでした。返ってきた言葉は、「そうすればいいよ」。彼女が布の世界がどれほど好きか、また、好きなことを仕事にし、生きがいとする人生のすばらしさをわかっていたからです。

それ以降、変化したのは朝食です。以前は慌ただしく済ませていたのを、いまはふたりで作り、ゆっくり1時間ほど、おしゃべりをしながら味わいます。内容は、「あの展覧会よかったよ、とか、そんなたわいもないこと」と夏実さん。

旅好きのふたりは、海外の旅も現地集合で、

ミズナラの大きな食卓に多様な椅子、オープンキッチン。

1室は夏実さんのアトリエに。新婚時代から愛用の織機。

このマンションには、糸染めのための設備も入れた。

夕暮れどき、自作の組み立て椅子とテーブルでくつろぐ。

自由行動だったりします。好文さん曰く、「夫唱婦随でも婦唱夫随でもない。よく言えば自立していますが、見方によっては仲の悪い夫婦のよう(笑)。日ごろから何でも遠慮なく言い合うし、旅先で出会った人や風景、心惹かれた絵画や建築、友人たちのことなど、よく話します」。

朝の食卓も、旅先も。会話の間に流れる空気は、学生時代からきっと変わらないのでしょう。

玉突きの連続のような人生で、気がついたらこうなっていた

思いがけず、海辺の大磯町にマンションを得て、セカンドハウスにしたのは15年前。しかし、ここで過ごせる日は、そう多くはありません。

「彼は海辺育ちですから、海を見るとほっとするんでしょうね。終電で大磯に行き、翌朝、コーヒーを入れたポットを持って浜辺へ。午後には都内に戻ることもあります」と夏実さんが言えば、好文さんは、「夕方なら、何かお酒とつまみを持って海に行きます。長くいられなくても、あの海辺で過ごす時間が、ぼくたちにとって大切なのです」と続けます。

そんなひとときのために、好文さんは組み立て式の椅子とテーブルを作りました。夕暮れの海を眺めながら、ビール片手に静かに語り合うふたり。その姿からは、多忙でも、日々の営みに手間暇かけて、心から楽しもうという精神がうかがえます。そして、住まい手の〝ふだん着〟を仕立てるような住宅設計の仕事も、大量生産

自宅から電車に乗って1時間。
海辺のセカンドハウスは
半日滞在するだけでもほっとする
かけがえのない場所。

武田武人《たけひと》さん作の皿、継ぎ目のない木彫りの器、大磯の石が並ぶ窓辺。石は、遊びに来た友人たちが拾ってきたもの。

をせず、カンボジアの織り手が手仕事の楽しさを失わないよう気遣って進める仕事も、わたしたちには大変そうに思えますが、おふたりは「あたりまえのこと」と言います。「仕事そのものが報酬。これからも肩肘張らずにやっていきたい」と好文さん。さらに、こんな言葉も。

「若いころから、自分の人生にはレールを敷かずに、成り行きに身を任せてやってきました。玉突きのボールのように、転がって行った先で人やモノとの出会いがあり、跳ね返って転がると、また別のすてきな出会いがあるといった具合。人生って、先がどうなるかわからないところに妙味があると思うんです」

「結局、計画性がないことの裏返しなんです。でも、すてきな人と出会えるのも、すばらしいモノと出合えるのも、こちらにそのチャンスを素直に受け入れられる気持ちの余裕がなければね」と夏実さん。

仕事も、日々の暮らしも、流行や他人との比較、効率などとは関係のないところで、自分たち流に手間暇かけて楽しみ、慈しむ。自分らしい生き方を見失わないためのヒントは、計画した未来ではなく、いまここに流れる時間のなかにあるようです。

なかむら・よしふみ　建築家。1948年、千葉県生まれ。住宅設計、家具デザインに加え、建築物を紹介する著作でも知られる。
なかむら・なつみ　染織家。1948年、東京生まれ。カンボジアの万能布クロマーを扱うブランド「クロマニヨン」を仲間ふたりと運営。夫妻とも武蔵野美術大学卒。

暮らしの「大切なこと」を拝見します。

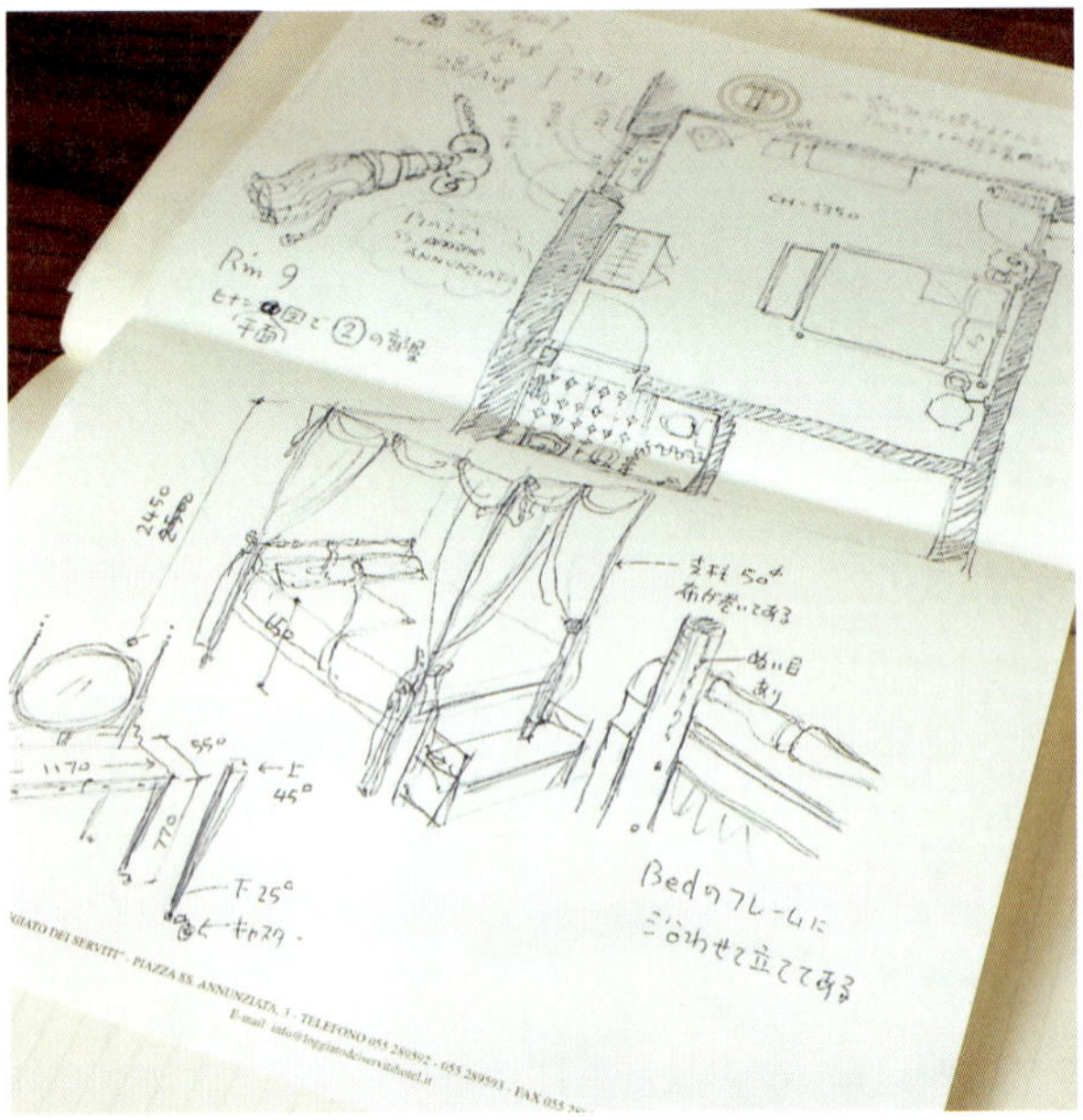

好文さんの旅のノートには、ホテルの室内の詳細な実測図が。

(左)夏美さんのお気に入りのガラス瓶。向かって左端は薬瓶、右端は二升瓶。(右)好文さんの通勤用の折り畳み自転車。畳み方が簡単なのが魅力。

同じ質問、それぞれの答え。
中村好文さん、夏実さんの場合。

Q ずっと手元にある本、何度も読む本を教えてください。

Ⓐ (好文さん) 芥川比呂志の『決められた以外のせりふ』、中谷宇吉郎の『冬の華』、吉田秀和の『調和の幻想』。
(夏実さん) 須賀敦子の『地図のない道』、矢島翠の『ヴェネツィア暮し』。旅や暮らしから、人の心の機微がうかがえる本が好きです。

Q 部屋にあるもので一番のお気に入りは何ですか?

Ⓐ (好文さん) 気に入らないものは、できるだけ部屋に置かないようにしているのでむずかしい質問ですが、高さが2メートル以上ある、ワインを搾るための木製のねじは、けっこう気に入っています。
(夏実さん) ガラス瓶。ひとつでなく複数並べて関係を楽しみます。

Q いま勉強していること、身につけたいことは何ですか?

Ⓐ (夏実さん) 手仕事を知ると、その周辺が学びたくなります。

Q 健康のために心がけていること、習慣にしていることは?

Ⓐ 睡眠をきちんととること。

Q 趣味について。何をどんなふうに楽しんでいますか?

Ⓐ (好文さん) 仕事と趣味の境目がないので、答えにくいのですが、ときどき、思いつきで「替え歌」を作ります。100曲ほど作ったかな。
(夏実さん) 風を感じること。自転車に乗るだけでも感じられます。

Q 最近、一番うれしかったことは何ですか?

Ⓐ (好文さん) 小屋をテーマにした展覧会に、老若男女、たくさんの方が来場してくださり、その巡回展が来年、金沢21世紀美術館で開催されることになったこと。
(夏実さん) 最近、風を感じられる、とても気持ちのいいとっておきの場所を、ごく身近で見つけました。

Q 元気がないとき、どうやって気持ちを切り替えますか?

Ⓐ ひとまず寝ます。

Q 一日のなかで、一番大切な時間はどんなときですか?

Ⓐ (好文さん) 桜並木をくぐり抜けて自転車通勤をしているとき。
(夏実さん) 眠りに落ちるちょっと前。

好文さんの愛読書より。芥川比呂志著のエッセイは『肩の凝らないせりふ』『憶えきれないせりふ』も好き。

キッチン付きのアパートメントホテルでは、好文さん自作のこの道具で、蒸し野菜を作る。水をはった鍋の中央に3本脚を立て、その上にフキンをかぶせて野菜を並べ、ふたをして蒸す。

玄関に置いている子ども椅子。エドワード・S・モースのコレクションを収めた『百年前の日本』という本にも載っている。若いころ、軽井沢の幼稚園の裏に捨てられていたのを、もらい受けた。

「時空を超えた日常が垣間見えるでしょう」と夏実さん。実は好文さんも須賀敦子さんの20年来の愛読者。

中村好文さん、夏実さんの暮らしのヒント

仕事が趣味のようなおふたり。「熱中し過ぎて、オンとオフが曖昧になりがち」という日々のなかに、実は心地よく過ごすためのヒントがたくさん潜んでいます。

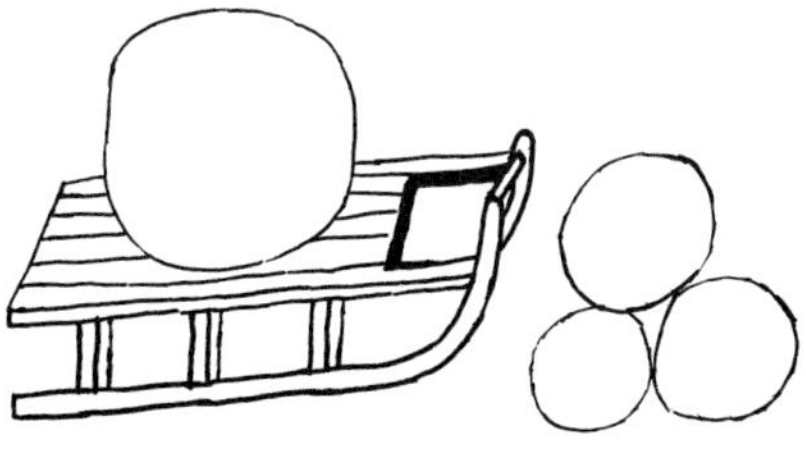

今日はなにを

1 朝食には蒸し野菜を食べます。蒸すとかさが減ってたくさん食べられますし、消化にもよいようです。

2 自転車で通勤しています。15分ほどですが、外の空気を吸うのは気持ちよく、よい運動にもなります。

3 朝食は夫婦で用意し、時間をかけて味わいます。夕食は別々にとることが多いので、ゆっくり話ができる豊かな時間です。

4 仕事が不規則なため、家にいるときはまとめて家事をします。心地よく暮らせるよう、家事をあまりため込まないようにしています。

5 年に数回、日常生活と仕事から意識的に離れ、好奇心の赴くままに海外旅行をします。自分のなかにみずみずしい部分を残しておくために、旅は大切です。

6 旅は、一日に予定をよくばって詰め込むようなことはしません。その日見たいものをじっくりと楽しんだら、宿で昼寝をし、夕食を時間をかけて楽しみます。

7 夫婦で、思っていることは互いに何でも言い合うので、小さなケンカはしょっちゅうです。思いをため込まず、風通しよく暮らしたいと思っています。

8 先々のことについてあまり計画を立てず、柔軟に生きてきました。人生はレールを敷かないほうがおもしろいし、道はいくらでもあると思っていたほうが楽しく生きられます。

9 仕事のスケジュール表を、自宅の目につくところに張っています。夫婦でスケジュールを共有すると、予定も立ちやすく、また相手の予定がわからないことによって生じやすいイライラもなくなります。

10 子どもがいないからこそ余計に、身のまわりのものはむやみに増やさず、ひとつひとつ整理をしていきたいと思っています。

11 住まいに大切なのは、自分たちの暮らしに釣り合っていること。自分らしい住まいは、人生を豊かにしてくれます。

12 若いころから少し無理をしてでも、自分が本当にほしい家具や道具を手に入れ、使うなかでそのよさを学んできました。そうした〝教材〟が時を経て、いまにもたらしてくれるものは大きいと思います。

13 暮らしの道具は、流行に関係なく、シンプルで究極の形のものを使いたい。そういうものは、暮らしに溶け込んで、心地よさをもたらしてくれます。

14 仕事は報酬が目的ではなく、仕事そのものが報酬です。仕事が生きがいとなっていることが、自分たちにとっては大切です。

15 一緒に働くスタッフに落ち度があっても、怒鳴ったりしません。人はミスをするものだと思いますし、ミスは本人が一番こたえているものだからです。

16 「時間ができたらしたいことをしよう」ではなく、一年の予定にそのことを無理をしてでも組み込み、仕事を進めます。時間は捻出するものだと思います。

17 目の前の仕事を一生懸命にやる、ただそれだけで過ごしてきました。仕事も人生も勝ち負けではなく、進化することと、深めること、このふたつを追求したいと思っています。

18 少しでも時間ができると海辺のセカンドハウスに行き、砂浜で海を眺めます。最終電車で行って、翌日の午後には仕事の都合で帰って来ることも。わずかであっても、心穏やかな自分の時間を持つのは大切です。

19 気兼ねなく洗濯できる大判の布を、ふだんの外出でも旅先でも持って歩きます。冷房除けのほか、エプロンや風呂敷代わりと、いろいろ使えて重宝します。

20 海外旅行では、できるだけキッチン付きのアパートメントホテルに泊まります。現地の好きな野菜などで朝食を作って食べ、体調を整えます。

21 悩みがあるとき、くよくよするよりは、まずそのなかで楽しめることはないか探します。

挿画　秋山花

51歳　松林 誠さん（版画家）

心地よい環境に身を置くことで、自分らしさが発揮できます

わたしの朝ごはん

（上）れんこ鯛の開き、竹の子とえんどう豆の煮もの、朝市で買ったばかりの生玉子とオクラの酢のものなど。地元食材をたっぷり。（下）プレス機にかけて版画作品になるときの偶然性が魅力だという。

玄関脇の漆喰壁に自身の絵を飾っている。これは雑草をモチーフにした作品。ざっくりとした風合いが気に入っている。

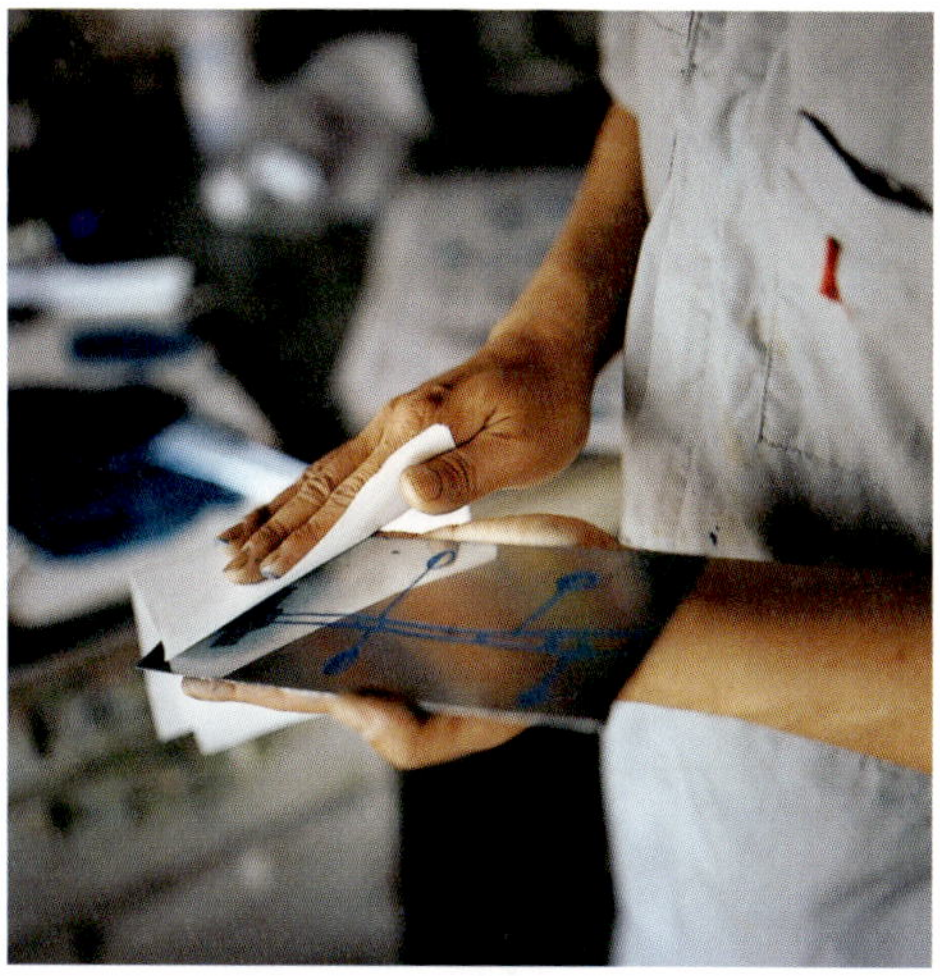

描線を刻んだ亜鉛板にインクを塗り、プレス機にかけて紙に定着させる。学生時代、人と違う素材を使いたくて亜鉛板に出合った。

絵と暮らすことで得られる日常の豊かさ

松林誠さんの自宅では、室内に入るとすぐに、版画用のプレス機がどんと構えています。

ここは松林さんのアトリエであり、日常生活の場でもあります。玄関を入った正面に置かれた銅版画は、フランスで活躍した南桂子の作品です。松林さんがこの版画を手に入れたのは十数年前、パリののみの市でのこと。繊細な線とやわらかな質感にひと目で心惹かれ、店主に「わたしは日本で版画をやっています」と身振り手振りで話しかけると、店主も興奮した様子で「君に持っていてもらいたい」と応えて譲ってくれました。以来、この絵は松林さん夫婦にとって、なくてはならない存在となりました。

パリに一年間留学していたときは、この絵をベッドの脇に置き、毎日対話をしていたと言います。帰国してからは、玄関に置きました。いつも目に留まる場所に置きたかったのです。出かけるときも帰宅するときも眺めます。ほんの一瞬のことですが、心が落ち着き、そのあとの時間を穏やかに過ごすことができます。

「作品には、ポストカードを飾るのとは違う、本物が持つエネルギーやムードがあります。だから絵を部屋に飾ると、場の空気が変わります」

心地よいものを日常に取り込み、原動力をもらって、描く。松林さんがこうして生み出す線は健康的で、生命力に満ちあふれています。

松林さんは、高校を卒業してから10年ほど、東京で暮らしました。美大を目指して予備校に通いましたが、デッサンが苦手で苦労しました。その後、版画の専門学校を見つけて通い始めました。ここでは、心の赴くままに作ったものを、大変ほめられました。

絵を描くよりエッチングのほうが合っていることに気づいたのも、このころでした。エッチングは版画の技法のひとつで、金属板に描いた線を、薬品の腐食作用で金属板に凹凸として再現し、さらに紙などにインクで転写するというものです。インクの盛り方によって、質感や雰囲気が変化します。その偶然性に、松林さんは夢中になりました。アルバイトをして学費を稼ぎ、その合間にひたすら版画を作り続けました。

「夜遅くまで働いて、お金も貯まりました。けれども、自分はお金を稼ぐために東京に来たのだろうかと悩み、そうこうするうちに心身がまいってしまいました。そこで、いったん生まれ故郷の高知へ帰ってみようと思ったのです」

自分の原点に立ち戻って可能性を見出す

帰郷を決意した日、東京・神保町の画材店で、エッチング用の鮮やかな赤いインクを一本だけ買い求めました。それまでの作品はモノクロームばかりでしたが、高知へ戻ったら、この赤を使って版画を刷ってみよう、そう思ったのです。

帰郷して、しばらくは退屈だったと言います。

築百年以上たつ民家を借りている。当時の大工が施した細かい造作に思わず見入ることもある。

由味子さんとの散歩は、大切な時間。「妻は、ぼくが絵を描くことを認めたうえで率直に批評してくれる。その言葉が確かだと、ぼくもものを作る安心感を持ち続けられる」と言う。

道ばたの雑草も、驚くほど生き生きと輝いて見える瞬間があります。その姿に心が動かされ、作品が生まれてくるのです。

東京のようにたくさんの展覧会を見ることもできないし、情報も限られているから。けれど、慣れてくると今度は、その静けさが快適になりました。ここでは、過多な情報に翻弄されることなく、自分の好きな世界に集中できます。スケッチをくり返す自分のまわりで、四季が巡っていきます。野山も庭も、すべてが緑に覆われ、ありとあらゆる色の花を咲かせ、実をつけ、やがて静かに土へ還ります。光や水も澄んでいます。自然の色彩に囲まれて暮らすうち、気づけば松林さんも、きれいな色を作品に取り入れていました。いくつもの美術展で受賞し、東京をはじめ各地で個展が開かれるようになったのも、仕事が増えたのも、それからです。

自分の理解者と互いを尊重しながら暮らす

自分が気持ちよいと思うことを素直に取り入れ、自信を持って表現する。この姿勢が身についたのは、風土のおかげだけではありません。美術講師の由味子さんと結婚したのは、高知に戻って数年後のことです。由味子さんは、身内だから恥ずかしいけれど、と前置きしながら「松林の作品は、空間にあるだけで元気になる感じ」と言います。由味子さんは松林さんにとって最大の理解者です。その由味子さんからいつでも必要なアドバイスを得られるから、松林さんは安心して素直に生きられるのです。
もちろん、夫婦はもともとは他人なのだから、

数年前に作った「黄色い山」。明るい色を使って刷った。

職住が同じ場所なので、制作中はつなぎを着て切り替える。

夕方、由味子さんが笛を吹くと、愛猫ビーが帰ってくる。

20代のころの作品「学校の猫」。初々しくプリミティブな雰囲気。

小さな行き違いはあります。そのたびに率直に話し合い、疑問を解消していきます。

健康のために始めた早朝の散歩は、ふたりの日課となっています。田んぼの前で稲の生長を眺め、ビニールハウスをのぞいていちごが色づく様子などを観察します。由味子さんもまた、日常を楽しんでいます。旅先で見つけたスツールを花台に、庭の花を飾ります。ガラス窓にヒビが入ったら、紙を花形に切り抜いていくつも貼ってみます。こうして生まれたささやかな空間芸術を、松林さんは楽しんでいます。

心地よい時間を重ねるうち、創作意欲が湧いてきます。会話を楽しんでいた松林さんがスケッチブックを広げて手を動かし始めると、由味子さんはさりげなくその場を離れ、家事にとりかかります。集中力というものは、誰しも長くはもちません。それだけに、その時間がどれほど貴重か、由味子さんもわかっているからです。

個性を発揮することは、その人の一生を豊かにしてくれます。そして一人ひとりの多彩な生き方は、社会の豊かさにつながります。そのためにはまず、それぞれの暮らしの基盤を定めることが肝心です。何を心地よく感じるか。この感覚が暮らしの質を高めることを、松林さんの生活から学ぶことができます。

まつばやし・まこと　版画家。１９６２年、高知県高知市生まれ。86年、創形美術学校研究科版画課程修了。２０００年に渡仏、パリ国際芸術会館に滞在しながらエッチングを制作。現在は高知で活動。２０１３年12月13日から25日まで、ミナ ペルホネン京都店にて展覧会を開催。

暮らしの「大切なこと」を拝見します。

アトリエの松林さん。制作中は音楽を止めてひたすら目の前の作業に没頭する。柱時計の音だけが響いている。

南桂子の銅版画。作品を手に入れて毎日眺めることで、作者の心境や作風により深く寄り添うことができる。

同じ質問、それぞれの答え。
松林 誠さんの場合。

Ⓠ ずっと手元にある本、何度も読む本を教えてください。

Ⓐ 駒井哲郎『銅版画のマチエール』。「銅版画の場合、マチエール(注:質感、作風)は印刷されたとき、一瞬にして決定的なものとなる」という一文が大好きです。一瞬で完結してしまう潔さが銅版画の魅力で、ぼくも迷い道に入ったときにはこの言葉に立ち返りたいと思います。

Ⓠ 部屋にあるもので一番のお気に入りは何ですか?

Ⓐ 月光荘のスケッチブック。最初の一冊は妻の由味子がプレゼントしてくれました。いまは棚いっぱいに入っています。

Ⓠ いま勉強していること、身につけたいことは何ですか?

Ⓐ 肥後守の刃研ぎ。

Ⓠ 健康のために心がけていること、習慣にしていることは?

Ⓐ 朝の散歩。歩数計をつけて、近所の朝市に行って朝食の材料を求めるのが、通常のコースです。だいたい往復4000歩ぐらいになります。

Ⓠ 趣味について。何をどんなふうに楽しんでいますか?

Ⓐ 絵の仲間とのテニス。数年前から週1回、夫婦で参加しています。

Ⓠ 最近、一番うれしかったことは何ですか?

Ⓐ プレス機の台を直したこと。脚ががたつくので買い替えを検討していたのですが、気に入ったものがなく、ねじを外して直しました。

Ⓠ 元気がないとき、どうやって気持ちを切り替えますか?

Ⓐ 音楽を聴きます。特に好きなのはフランク・ザッパですが、ほかにもいろいろと聴いています。

Ⓠ 一日のなかで、一番大切な時間はどんなときですか?

Ⓐ スケッチブックで遊ぶ時間。朝昼夕いつとなく、スケッチブックを開いては、心に浮かんだイメージを描いたり、庭の花をスケッチしたりしています。このなかから版画のモチーフが生まれてきます。

エッチングに使う鉛筆。下地を塗った亜鉛板に紙を重ね、鉛筆で下絵を描くと、下地が削られる。

(上) 鉛筆を削るために使う肥後守。肥後守の刃で一本ずつ削る時間は心が落ち着くという。(下) 庭の草花は由味子さんが植えたものがほとんど。鳥が種を運んできたものもある。

愛猫ビーは、松林さんが制作を始めるとどこからともなく現れ、椅子に座ってそっと見守ってくれる。

松林さんが大切にしている『銅版画のマチエール』は、駒井哲郎が生涯最後に残した本でもある。

松林 誠さんの

暮らしのヒント

心地よく暮らすことは、自分の価値観の質を高め個性を育むことにつながります。
創作活動も日常生活もまずは心地よく。

今日はなにを

1 ものも情報も、少ないほうが豊かに暮らせる場合があると思います。際限なく増幅するものを省くと、自分の価値観が見えてきます。

2 ぼくの場合、実際に見て感動したものでなければいい絵は描けません。自分が描きたいものや心を動かされたものを描くことから始めるとよいと思います。

3 絵を描くという行為は、好きなものを自分のものにすることだと思います。古代人が洞窟に獲物を描いたように、愛情や希求の気持ちを表現することも大切だと思います。

4 自然やほかの人、地域と共生していることを意識するようになってから、それを念頭において創作するようになりました。自然環境から受ける影響は重要です。

5 画家の熊谷守一さんの言葉に「へたも絵のうち」があります。セオリー通りの絵を描こうとせず、たとえへたでも大らかに、描きたいように描いてみるほうが可能性が広がると思います。

6 早朝の散歩を日課にしています。新鮮な野菜を並べる市場や、道ばたの草花など、新たな発見があります。手に入れたり目で見たりしたものが、その日の生活や制作活動の糧になります。

7 作家の手から生み出されたアート作品を、自分のものにすること、所有することは豊かなことだと思います。毎日の生活のなかに好きな作品があり、それを眺めながら暮らすことは、日常に潤いや活力を与えます。

8 アート作品を手に入れたら、毎日目に触れるところに置いてみましょう。アートは、日常のなかで育っていくものです。初めはよそよそしく感じても、一緒に暮らすうちになじんでいき、自分に寄り添う存在になります。

9 人が集中できる時間というのは、そう長くはないものです。そして、集中している時間ほど、豊かなものを生み出すよい機会はありません。パートナーや家族が何かに集中しているときは、相手を尊重し、おのおのの時間を過ごすようにしています。

10 夫婦の間では、無理せずため込まずに、何でも話し合えるようにしています。もちろんそのときには、相手を尊重したものの言い方が必要だと思います。

11 パートナーや家族の率直なアドバイスは、相手のためを思ってのことですから、素直に受け入れることが大事だと思います。夫婦や家族は、お互いに補い合う存在だと思います。

12 画材選びは重要です。ぼくの場合は鉛筆選び。使いやすいものが見つかるまで、出合った鉛筆はすべて使って試してみます。

13 鉛筆を一本ずつ削るのは手間がかかりますが、根を詰めた作業の合間の気分転換になります。ナイフで削ると、彫刻をしているような楽しさがあります。

14 自分の心身が安定するような環境に身を置くことは大切です。もし、現在の状況に行き詰まりを感じるようなら、無理をせず、まずはそうした環境を見つけるといいと思います。

15 ある場所では自分のしたことが認められなくても、別の場所では大いに評価されることがあります。うまくいかない場合でも、自分を否定するのではなく、好きなことを素直に続ければ、自分を生かす道が開けてくることもあります。

16 洋服を一枚買う代わりに、気に入ったアート作品を買って飾ってみます。そうすると、部屋の空気が変わるものです。こうした工夫も、心身を安定させる環境を作るきっかけのひとつになるのだと思います。

17 ものを教えたり伝えたりするとき、詩情が大事です。単なるハウツーではなく、相手の心に直接訴えることで、理解し合えることがあるからです。

18 家の中にいくつもの机を置いています。日常生活も仕事もひとつ屋根の下で行っているので、気持ちの切り替えが必要です。食事やお茶は居間のちゃぶ台で、仕事は作業台で、打ち合わせはテーブルで、と使い分けて切り替えています。

挿画 秋山花

68歳　庄司勝子（編集者、花店店主）

日常のなかで、野花と親しむ時間を大切にしています

わたしの朝ごはん

おかずは多めに作って夕食でもいただく。酒としょう油で煮たアサリを加えた混ぜご飯は、大好物。紫蘇ワカメで和えたオクラ、庭のミニトマト、銀座の物産館で見つけた鮎の甘露煮と瓜の漬けものなど。

花の蜜を求めて飛んできた揚羽蝶を、庄司さんはカメラに収めようと目で追う。

各地でその季節に咲いている野花を、寄せ植えや苗、切り花にして並べている。

庄司勝子さんが東京・銀座で営んでいる野花専門店「野の花 司《つかさ》」。

庭に咲く自然な姿も 器に活けた姿も、魅力がある

野花は、生きやすい場所を求めて自ら動く。そう教えてくれたのは、庄司勝子さんです。

庄司さんは東京・銀座で野花の専門店を開いています。店に集まるのは、田畑のあぜ道や野原に咲いている花、農家の庭先で育てられた花、里山を彩る木々の花。つまりは高山植物でもなければ新種の洋花でもなく、北から南まで、日本のどこかで何げなく咲いていた野花です。

「野花は作為がなく、しかもたくましい。人間の思いどおりに育つわけではありませんが、そこがおもしろいんです」

10年ほど前に家を建てたとき、庭に植えた植物は30種ほど。以来、気に入った野草を見つけては土に下ろし、いまは数えきれないほどの種類の野草が小さな庭に息づいています。プロペラのような羽をつけ遠くに種を飛ばす定家葛《ていかかずら》、岩陰で花を咲かせる朝鮮野菊、鳥が種を運んだのか、いつの間にか根を伸ばした寒菅《かんすげ》……。

「野花は地面に植えて放っておくと、自分に合った場所を適当に見つけて思いがけないところに根を伸ばし、生き延びていきます。環境が合わずに消えてしまうのはせいぜい1割でしょうか。勢いよくはびこる植物も、たった1種で地面を独り占めすることはありません。さまざまな種類が混じり合いながら、花をつけともに育っていくのが自然の姿なのですね」

手入れはほとんどしませんが、年に一度だけ、11月の終わりに下草を刈ります。その時季、木の葉は色づいて風に散り、草もまた紅葉します。枯れ始めても刈らないでいると、春の小花が咲く場を失い、花をつけなくなってしまいます。背の低い植物は下草に隠れると、日光を浴びられなくなるからです。

庄司さんが、ふと足元をのぞき込みました。飛び石の脇に珍しい八重の白いどくだみが咲いています。

「あら、こんなところから生えてきた」

そう言いながら一草を手折り、家の中に入りました。水をはった器の中でしばし花を休ませると、寒菅の葉とともに古伊万里の器に活けました。すると、可憐な花の形や茎の自然な傾きまでくっきりとしました。

「庭にあるときと器に活かったときでは、花が違って見えるでしょう」

花を活ける器は、そばちょこや徳利、かごなど、民芸店や骨董市で見つけた古道具です。

「高価な器はわが家にはほとんどなくて、『足元をよく見ていればそこにあった』というようなものばかりです。けれども生活の工夫から生まれた形は、自己主張がなく〝用〟に合わせてできた型のためか、花が活けやすいのです。用の美とはこういうことなのですね」

東京で育った庄司さんは、子どものころから自然が好きで、お母さまの田舎に行くたびに野山で花を眺めていたといいます。

庄司さんのご自宅は都心の一軒家。居間には大きなガラス戸があり、その向こうに中庭が広がっている。

実際に野花を活けるようになったのは、30代になってからでした。当時の庄司さんは、夫と小さな出版社を立ち上げ、3人の子どもを育てていました。ある日近所を散歩していて、道ばたの雑草が目に留まりました。都会の草ですから、珍しいものではありません。ペンペン草でした。それを摘んで家に持ち帰り、コップに活けると、このささやかな野草が、家の中を明るくしてくれるようでした。さっそく図鑑を求めた庄司さんは、道ばたの雑草ひとつひとつの名前を確かめました。雑草とひとからげに呼ぶ草花でさえ、すべて誰かが与えた名前がついています。日陰を好むものもあれば、日向を好むものもあります。相手の名前を覚えるところから親しくなるのは、野花も人も同じでしょう。個性を知るほどに、自己主張をしない野花への愛着は深くなりました。

長く付き合うことで見えてくることがある

やがて各地の野花と親しみたいと願った庄司さんは、50歳のとき出版の仕事と並行して野花専門店を始めました。全国の農家から、散歩がてら摘んだ花を送ってもらい、店に並べました。

同時に、夫と相談して自宅にも庭を作り、好きな野草を次々と植えていきました。あるものは庭の一隅で旺盛に葉を茂らせ、あるものはひっそりと枯れ、あるものは思いがけない場所に根を伸ばしました。子どもたちが独立した年も、

下草を刈る。
土の中で眠る種に
生きるチャンスを
与えるのです。

（左）緑に埋もれるようにしてひっそりと咲く、どくだみ。（右）古伊万里の器に活けたのは、八重のどくだみと寒菅の仲間。

左から、細い枝先に小さな実をつける、白式部《しろしきぶ》。頭上で開く、宗旦《そうたん》ムクゲの白い花。緑濃い庭を明るく彩る、キリンソウ。

水筒や徳利など、口の小さい容器は花活けにも適している。

かごに活けるときは水を入れる小さな花器「落とし」を内側に使う。

須恵器《すえき》に活けるときも、水漏れしないよう「落とし」を仕込む。

古い道具を敷物に。フックをつけて「落とし」を吊るせば掛け花にも。

古い生活道具が
野花と相性のよいのは
自然と同様に
作為がないから。

（左）玄関先や廊下の途中に、小さなコーナーをしつらえている。花を飾ったり、骨董を置いたりする。（右）「夏の緑はすがすがしく、秋の紅葉も楽しみ。冬枯れは寂しいけれど、春の芽吹きを待つのが楽しい」と庄司さん。

夫を亡くした6年前も、野花はいつものように咲きました。庄司さんは、それらを摘んでは、愛着のある古道具に活けました。その根底には、庄司さんが出版の仕事で知り合った著者の方々から学んだことがありました。

「随筆家の白洲正子さんは、農家の一軒家で自然に囲まれて、ゆったりと生活していました。また、画家の熊谷守一先生はいつも誰が訪ねて来ても分け隔てなく接しておいでで、わたしもそうありたいと願うようになりました」

最近、骨董市でよい古道具と巡り合うことが多くなったと、庄司さんは言います。もしかしたらこれまでもそこに並んでいたのに、見えていなかったのかもしれない、と。長く付き合い続けることで見えてくるものがあるのは、野花も同じかもしれません。

「活けるときに、どの花を摘もうか悩むことはありませんね。自然の植物は完璧ですから、どの花も美しい。ただそこに咲いているように活ければうまくいきます」

どんなに厳しい環境でも、あるべき場所を見つけて生き延びてゆくのが野花です。そのあるがままの姿を素直に生かすと、日常がどこか豊かになってゆく。野花のかたわらで暮らしていると、野花に生き方を教えられます。

しょうじ・かつこ　編集者、花店店主。1945年、愛知県生まれ。新聞社の出版局に勤務後、夫とともに出版社「神無書房」を始める。花や自然、着物などに関する書籍を出版。1995年、野花の専門店「野の花 司」を開く。

暮らしの「大切なこと」を拝見します。

野沢温泉で求めた古伊万里の器。朝鮮の影響を受けた傾斜した高台、やわらかな肩にスッと伸びた口、青みがかった白色。

（左）植物だけでなく、生き物すべてが好き。庭の池には金魚が泳ぐ。（右）同居する猫は2匹。それぞれ、もうすぐ1歳になる。

本は眠る前に読むことが多い。ジャンルはさまざまで、そのとき話題の本を手に取ることもあれば、何度か読み返している愛読書を開くこともある。

同じ質問、それぞれの答え。
庄司勝子さんの場合。

Q ずっと手元にある本、何度も読む本を教えてください。

Ⓐ 最近読んだのは『森の力』。大火事のとき、昔ながらの原生林が火が回るのを防ぐと知って、昔に学ぶことが多くあると感じました。もう一冊は『布の記憶』。「古民藝もりた」の店主がご自分のコレクションをまとめられた本です。おもしろくて、しゃれていて、何度も読み返しています。長い時間をかけて作られた昔の手仕事の品に比べて、いまのものは物足りない気もします。

Q 部屋にあるもので一番のお気に入りは何ですか？

Ⓐ 古伊万里の器は、野沢温泉の古道具屋で何十年も前に求めました。当時にして３万円ほどだったでしょうか。生まれて初めて高価なものを思い切って買いました。いまも大好きな器です。

Q いま勉強していること、身につけたいことは何ですか？

Ⓐ 骨董への興味は、終わることがない気がします。

Q 健康のために心がけていること、習慣にしていることは？

Ⓐ 食べ過ぎないこと。

Q 趣味について。何をどんなふうに楽しんでいますか？

Ⓐ 骨董品を集めること。休日に、花を見に野山を歩くこと。

Q 最近、一番うれしかったことは何ですか？

Ⓐ 九州で作られている桐箱に出合ったこと。現代でもこんなていねいなもの作りがあるのだと知って、力をもらいました。

Q 元気がないとき、どうやって気持ちを切り替えますか？

Ⓐ 遊び足りないと元気がなくなってきますから、なるべく出歩いて骨董を見たり花を眺めたりします。忙しいときは友人に電話をして発散しています。猫や金魚の世話も気分が晴れます。

Q 一日のなかで、一番大切な時間はどんなときですか？

Ⓐ 考えたことはありません。すべて等しく必要です。

（右上）居間の高窓から入る光が、天井の土壁をやわらかく照らす。（左上）台所の天井には小さな窓をはめ込んだ。（右下）土があれば植物は育つ。塀の外にも、わずかな空間を設けては野花や樹木を植えている。

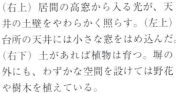

庄司勝子さんの暮らしのヒント

野花とともに暮らしていると日常生活が自然の営みに寄り添っていることを感じられます。

多忙な日々にこそ、暮らしに野の花を。

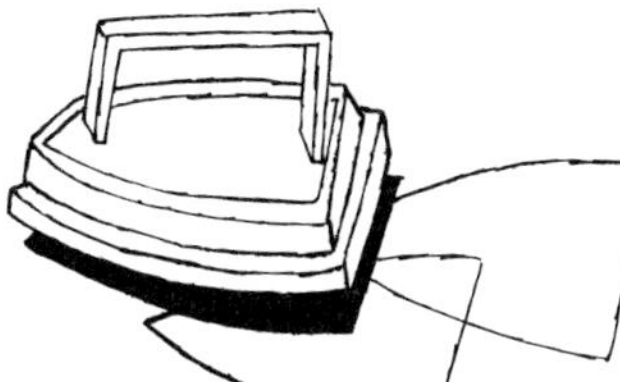

今日はなにを

1 野花を植えるときは、その草木が生きている自然環境を再現するつもりで育てます。日向を好むか、日陰が好きなのか。からりとした土がいいのか、湿った土に植えるべきか。自然を観察して学ぶのも楽しいものです。

2 植生を考えながら植えるといっても、あまり神経質に考えることはありません。適度に放っておくと、自分の合った場所を見つけて思いがけないところに根を伸ばし、生き延びていきます。可憐に見えながらたくましいのが、野の花です。

3 野花に親しむなら、名前をまず覚えましょう。名もない花はほとんどありません。野花の名を言えるようになって初めて、花を識別し、その魅力に気づくことができるでしょう。

4 わたしの店の草花は、各地の野山から伐り出して送っていただいたものです。こちらの都合ではなく自然のままだから、人の思いどおりにはいきませんが、だからこそ思いがけないことを学べてうれしいものです。

5 野花は作為がなく、巧まずして咲きます。あるがままの草木の姿からは、栽培された植物とは違う、強い生命力と美が感じられます。

6 野花を植えた庭は、四季に寄り添って変化をとげます。春の芽吹きに夏の草いきれ。秋の華やかな紅葉、冬枯れの中に見つける小さな花々。繊細で多様な姿には、毎日新鮮な発見があります。

7 自然の花は、花も葉も茎も絶妙のバランスを保っています。人の手を加えなくとも、充分美しく、存在感があります。器の中に入る部分だけ葉を落とし、あとは素直に器に預けます。

8 野花は、1種でも充分見応えがあります。まずは口の細い器にひと茎挿してみましょう。たくさんの要素は必要ありません。もし2種を合わせて活けるなら、花の形に似合う葉を1種合わせるとすてきです。

9 庭で咲いた野花を活けてみましょう。庭にあるときと器に活けたときでは、雰囲気が異なります。

10 人に差し上げるなら、日持ちも考えて花を贈らなければなりません。けれども日持ちしない花でも、自宅に飾るなら充分楽しめます。そうした花には儚いゆえの美しさがあり、たとえ長く楽しめなくとも心に残ります。

11 花を活けるときは、飾りたい場所に器を据え、観賞する人の目線の高さで活けるとよいでしょう。器の形によっては花を活けにくいものもありますが、茎が自然に留まったところが理想的なバランスと考えます。

12 古道具にも野花を活けてみましょう。道具として作られたものには、用の美があるといわれ、主張しないところが花を引き立てるようです。

13 かごや素焼きの器に花を活けるときは、中に水をはった容器（落とし）を入れて花を挿します。

14 うつむいた花は、掛け花にすると風情があります。木板（垂《すい》ばつ）を壁に掛け、そこに器を提げて活けるのも美しいものです。

15 古道具への興味は尽きません。長年見続けるうちに見方も変わり、また年を重ねて自分自身も変わっていきます。そうして若いころ見逃していたものを見つけられるようになります。

16 休みの日には近郊の野山を歩き、野草に親しんでいます。高山植物を見に行くとなると健脚が必要ですが、身近な里山でも、愛らしい野花に数多く出合うことができます。

17 店を始めた当初は野花を売ること自体受け入れられないこともありました。自分が好きなもの、よいと思ったものを信じて、長く続けたいと思っています。

18 どんな相手でも分け隔てなく、人と公正に接するようにしたいと願っています。画家の熊谷守一先生から学んだことです。

19 さまざまな種類の生物が混在するのが、自然のあるべき姿です。人間も、多様な生き物のなかのほんの一種類だということを忘れずにいたいものです。

挿画　秋山花

68歳　原　由美子さん（スタイリスト）

暮らしを絞り込むことが、心やすらかに生きる秘けつ

わたしの朝ごはん

レーズン、くるみ、すりごま、季節の果物とハチミツをヨーグルトに添えて。豆乳のカフェオレは、パリで出合ったお気に入りのセットで。ソーサーは割れてしまってもうないが、ポットとカップは40年近く使い続けている。

洋服も、身のまわりのものも
長く愛着を持てるものだけを選びます。

1980年代にパリで展覧会を見て憧れ、悩んだ末に購入したル・コルビュジエのソファ。実家にあったサイドテーブルを両脇に。別々のときに選んだ赤も、色の系統はいつも一緒。好ましく思う色の方向性は絞られている。

色と質感で厳選したショールと手袋。原毛の色は何にでも合う。

香りのいい花が好き。くちなしや水仙の季節には欠かさず活ける。

（上）自身の洋服は、組み合わせの幅が広い定番スタイル。（下）着物は、帯によって装いの格が変わる。竺仙《ちくせん》であつらえた文久小紋は、織りの帯で自分流に。母から譲り受けたお召は、古裂《こぎれ》の店で買った更紗の帯でカジュアルに。帯揚げと帯締めは同系色にしないのが好き。

洋服は色も形もスタイルを決めて。
着物は色や柄の組み合わせを楽しみます。

書斎の書棚には服飾や映画関係など執筆に必要な本を。200字詰め原稿用紙とファーバーカステルの鉛筆を愛用。

手に入れたスタイルを いまの自分に合わせていく

朝食はカフェオレとクロワッサン、お腹の空き具合によって玉子料理、というのが長年の基本だったという原由美子さん。仕事で海外に出かけても、たいてい同じメニューがあり、いつもどおりに一日を始められるから、といいます。最近は、体調を整えるために牛乳を豆乳に変え、パンもほとんど口にしなくなりました。定番を決め、年齢に応じて少しずつ変えてきたのは、服装も同じです。基本のスタイルは、パンツにTシャツ、カーディガンかテーラードジャケット。Tシャツは丸首からVネックに、黒や紺が多かったカーディガンは、肌や髪の色に合う明るいグレーやベージュが増えました。

「この仕事は最先端の服を自由気ままに着ていると思われがちですが、そうではないんです」

仕事を始めた1970年ごろは、スタイリストという肩書も、雑誌のために洋服を借りることも、世の中にまだ認知されていなかった時代。

「フリーランスの立場ですから、なおさら大人っぽくきちんと見えないといけない。しかもつまらない着こなしでなく、『いつもこういう感じの人』と早く顔を覚えてもらえるような、自分のスタイルを確立する必要がありました」

元来、自分の定番を決めたい願望はあったものの、この仕事を始めたことで、さらに真剣にスタイルを絞り込んでいったといいます。

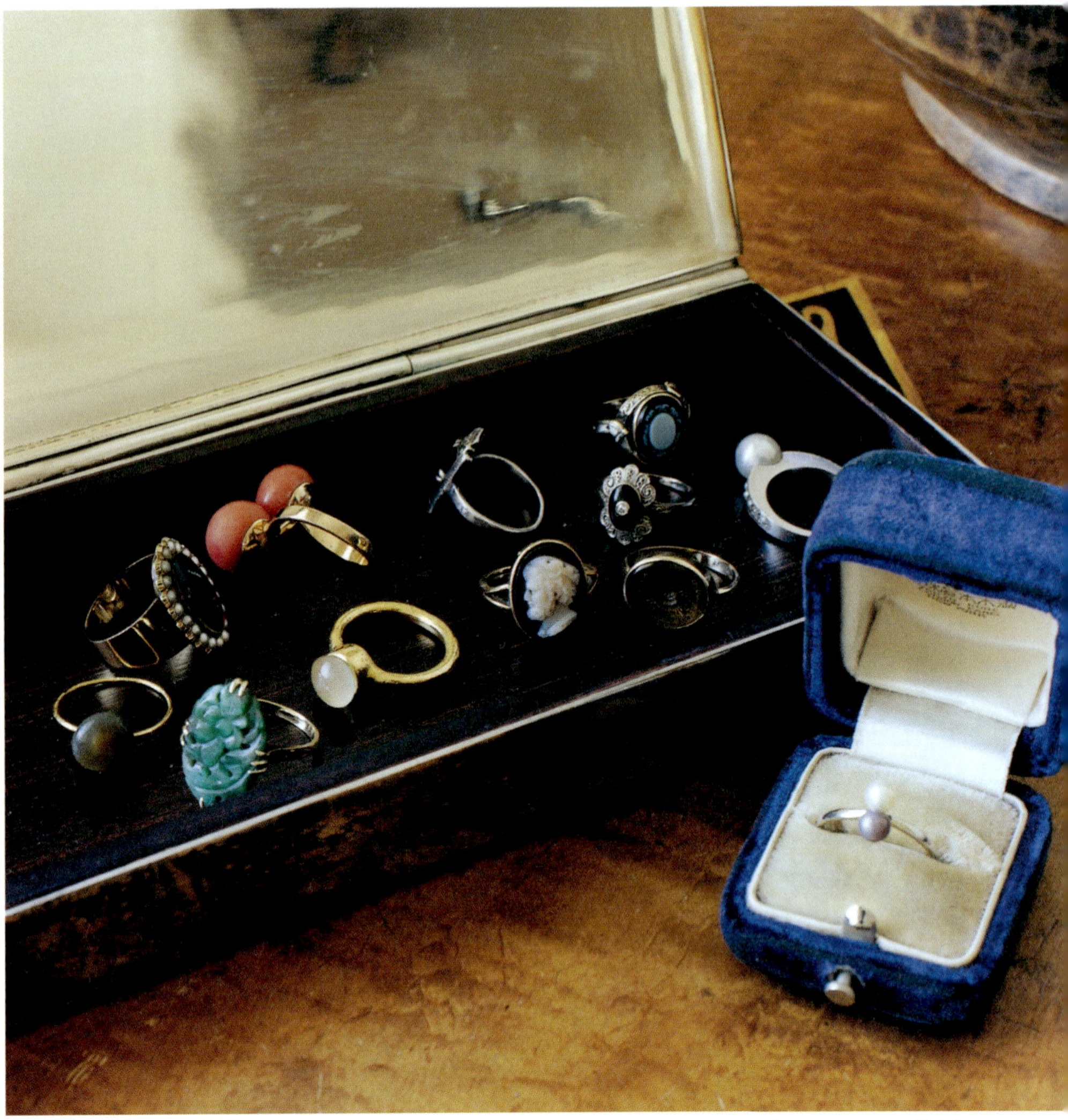

（上）母から受け継いだ指輪も多い。右手前の真珠は学生時代に母から譲られた祖母のもの。（左上）着物と帯の備忘録はデザイナーの花井幸子さんに教わった方法。（中）アルバムノートに写真を貼り、撮影場所やスタッフなどを記録。（左下）スタイリングを手掛けたページは雑誌ごとにファイリング。

ものに愛着を持ちながら少しずつ身軽になりたい

似合う色や形を突き詰め、心地よくいられる服を、自分になじませて長く付き合うのが原さんの流儀です。最近は、何かを1着買ったらどれかひとつ手放す、というくらいの気持ちで、ものを増やさないようにしているといいます。

「でも、自分用の手袋はベージュのニットと黒の革だけでよくても、撮影のとき、モデルさんにキャメルのダブルのコートを着てもらうなら、やはりペッカリーの外縫いを持たせたい。そう思うと、手放せないものも多いですね」

アクセサリーも数を絞り込んできたけれど、まだしばらくはいろいろ楽しみたい。指輪も、着物にはこれ、夜お芝居に出かけるならこれ、とお気に入りのそれぞれに出番があります。

「老い支度については、ずっと考えてきました。着なくなったものは若い人に譲り、相当量の資料や洋服を、受け入れ先を探して寄贈しましたが、この先まだまだ減らさないと」

2013年に日本でも公開されたドキュメンタリー映画『ビル・カニンガム&ニューヨーク』。パリコレに通い始めたころから、ずっとその仕事を見てきたファッションカメラマンのビルが、着るものといえばいつもの作業服、共同トイレの狭い部屋で、フィルムボックスに囲まれて

壁面の高い位置をじょうずに利用し、見渡せるように掛けているふだん使いのバッグ。古いものも多く、愛着のあるものを、手入れをして使い続けている。

石垣島の珊瑚や石、北京の骨董店で出合った染付の壺など、旅の思い出の品々が目に心地よく調和している。シーグリーンは好きな色のひとつだそう。

50年以上も暮らしてきたと知った原さん。

「自分に必要なものを絞り込んでいるからこそ、あれだけ飄々としていられるんですね」。その潔さがつくづくうらやましいといいます。

これまでと同じ気持ちで生涯現役を続けるのが理想

もうひとり、晩年はスーツ2着で通したというココ・シャネルは、その身軽さだけでなく、死の直前まで現役で仕事を続けたことも、原さんが憧れる理由です。そして、自分も長く経験を重ねてきて、仕事の場での自身のあり方にはいっそう気を配るようになったといいます。

「若いころは集合時間に滑り込み、ということもあったけれど、あたふたした感じは仕事に表れてしまうもの。それに、もし、時間ギリギリに行ったら、自信を持って自分の意見を主張することはできないでしょう。年長の立場になり、現場ではスタイリストとしてという以上の意見を求められることも増えました。よりよい仕事をするために、時間に余裕をもって、ベストな状態で現場に臨むようにしています」

仕事の記録を残すのも、のちのちの場面に備えるため。同じロケ場所に行くときに、撮影にかかる時間や光の具合を、過去の記録を見て参考にします。「記録好き、整理好きなのは、確認して安心したいからですね、きっと」。完璧ではなくて、と言いながら、ものも資料も、管理の仕方に工夫があります。たとえば、たたんで白い畳紙《たとうがみ》に包むと、どこにしまったかわからなくなりがちな着物や帯は、写真に撮って、箪笥別、引き出し順に名刺入れにファイルします。

時間的にも精神的にも厳しい仕事が続いた時期には、家に帰ってアクション映画を見て気分をすっきりさせたこともあるのだそう。いまは眠る前に、ミステリーなど気楽に読める本を手にします。とりわけ好きなのは松本清張作品。

「読んでいると画が浮かび、映像化したくなるのもうなずけます。あらかた読んでしまったので、藤沢周平が好きな友人と、まるごと取り換えようかと話しているところ。以前は思いもしませんでしたが、これからは朗読のCDを聞くのもいいかな、と思います」

若いころは外でお酒もよく飲んだけれど、もともと、規則正しく食事をして、きちんと眠る暮らしが好き。家事は、仕事のいい気分転換になっているといいます。「もし、主婦だったとしたら？　完璧を目指してしまうので、必要以上に猛烈に家事をこなすか、さもなければ家事を放り出して遊びに行ってしまうんじゃないかな、と思うこともありますね」と笑う原さん。

「好きと思えて、打ち込める仕事を続けてきたことは幸せ。仕事に助けられて、バランスよく暮らしてこられたと思っています」

はら・ゆみこ　1945年生まれ。慶應義塾大学文学部仏文科卒業。翻訳スタッフとして参加した70年創刊の雑誌『アンアン』で、スタイリストの仕事を始める。73年からパリコレクションの取材を続け、雑誌、新聞などに執筆。着物のスタイリングも手掛ける。

暮らしの「大切なこと」を拝見します。

引越すとき、器はここに収まるだけにするつもりであつらえた食器棚。

「鎌倉の実家では、父の同人誌仲間の作家や画家が集まったり、習っていた日舞の浴衣ざらいをしたり、そういうときのために天塩皿《てしおざら》が何組もありました」と原さん。受け継いだ器もそろそろ整理しなければ、と思うが、これはあのとき使った器、これは着物に通じる吹き寄せの柄、と見ればそれぞれ愛着があり、なかなか手放せないという。

同じ質問、それぞれの答え。
原 由美子さんの場合。

Ⓠ ずっと手元にある本、何度も読む本を教えてください。

Ⓐ ココ・シャネルの伝記。著者のエドモンド・シャルル・ルーにインタビューしたこともあり、原著と、それを秦早穂子さんが翻訳した『シャネルの生涯とその時代』を持っています。松本清張の『小説日本芸譚』は、利休、世阿弥、運慶などを主人公にした短編集。歴史上の著名な人物を、独自の視点で描き出す力量はさすがだと思います。

Ⓠ 部屋にあるもので一番のお気に入りは何ですか？

Ⓐ どうでもいいものはひとつもありませんが、これが一番というものもありません。ものに執着しない、ものを持たない生活が憧れです。

Ⓠ いま勉強していること、身につけたいことは何ですか？

Ⓐ 再開したいのは、30代に打ち込んでいた水泳と英会話。子どものころ習っていた日本舞踊も再開したい。

Ⓠ 健康のために心がけていること、習慣にしていることは？

Ⓐ ストレッチ。1回15～20分、朝と晩でメニューを変えています。食事はなるべく規則正しくとり、6時間は眠るようにしています。

Ⓠ 趣味について。何をどんなふうに楽しんでいますか？

Ⓐ 月1回ほど友人たちと、またはひとりで、舞台を見に出かけますが、趣味といえるほどのものはなく、あえて言えば仕事でしょうか。

Ⓠ 最近、一番うれしかったことは何ですか？

Ⓐ いい映画を見たり、おいしいものを食べたり、日々小さな喜びはあります。でも一番うれしいことといえばやはり、自分が思ったとおりの雑誌のページができたり、読者からいい反響があったときです。

Ⓠ 元気がないとき、どうやって気持ちを切り替えますか？

Ⓐ 誰かを食事に誘って無理に気分を変えようとしたりはせず、なるべくふだんどおりに動いて、時間が解決してくれるのを待ちます。

Ⓠ 一日のなかで、一番大切な時間はどんなときですか？

Ⓐ 常に、いまやっていることが一番大切。何でも一生懸命やり過ぎるとも言われますが、できることはきちんとやりたいと思っています。

著者にインタビューした『シャネルの生涯とその時代』は座右の書。

『小説日本芸譚』は数ある松本清張作品のなかでもくり返し読む一冊。

スタイリストとしての40年間の仕事をまとめた著書を2012年に刊行した。

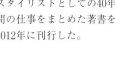

原 由美子さんの

暮らしのヒント

いつも表裏なく、慢心せず、
記録と学習を習慣に。
その人らしく装うことを
提案し続けてきた仕事の基礎には、
なかなかできない「あたりまえ」を
貫いてきた暮らし方があります。

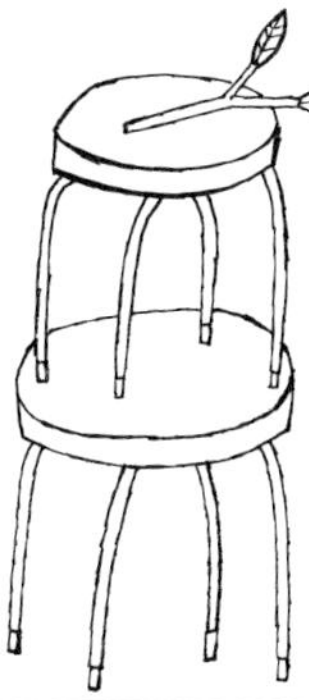

今日はなにを

1 何ごともシンプルに絞り込んでいます。そのほうが、物理的にも精神的にも楽に暮らせると思います。

2 美しく暮らすためには、ものをなるべく持たないことです。晩年はスーツ2着で通したというココ・シャネルが理想。ものをもっと減らしたいと思っています。

3 衣食住の、たとえば衣だけが突出するということなく、バランスのとれた暮らし方がいいと思います。

4 家の中と外ではまったく別人、とはなりたくないので、家で一日過ごす日も、朝起きたら必ず、ある程度は身支度を整えます。

5 立場や地位、年齢の上下で話し方や態度を変えたり、知らないうちに人を傷つけるようなことを言わないように気をつけています。表裏がないほうが、心やすらかに生きられると思います。

6 仕事上の人間関係では、適切な距離を保ち、公私の別をわきまえるように心がけています。

7 よほど親しい相手は別として、人に差し上げるものは食べもの、お酒、切り花など、あとに残らないものを選びます。

8 海外に行く前は、何かあっても残された人が困らないよう、書置きをしています。1便違いで飛行機の大事故をまぬがれて以来、習慣になりました。

9 朝のシャワーのあとと、就寝前のストレッチは、時間を短縮することはあっても欠かしません。身体をできる限り自由に動かすためです。

10 朝は、家を出る3時間前に起きます。後悔なくその日を過ごすために、自分がベストの状態でいられるようにします。そのために、時間には余裕をもって行動するようにしています。

11 撮影場所やスタッフの名前をスクラップブックにメモし、写真を貼って残しています。仕事の内容そのものを振り返るのではなく、そのときの状況や条件があとから確認でき、次の仕事に生かせます。

12 日記につけるのは、その日の行動と服装。毎年、同じ時期に同じ催しの審査員を務めることもあるので、うっかり去年と同じ服装で出かけてしまわないように、日記を確認します。

13 自立した生活をできるだけ長く続けたいので、健康には気をつけています。転ばない、風邪をひかない、食べ過ぎない、という3つのことを、この先、注意しようと決めています。永六輔さんの言葉として、先輩から教わりました。

14 規則正しい食生活と睡眠を大切にしています。特に、夜遅い時間に重い食事をすると眠りが浅くなるので、午後8時ごろまでにきちんと夕食がとれなかった日は、スープとクラッカーなど軽いもので済ませるようにしています。

15 料理やアイロンがけなどの家事が好きです。仕事を忘れ、頭や気持ちを切り替えることができます。外で食べたものや、雑誌で読んだレシピをヒントに、料理を作ることもあります。

16 似合う服とは、自分が好きで、心地よくいられる服。古くても、自分に自信が持てるならいいのです。

17 わたし自身は、洋服よりも着物を着ているときのほうが安心で、人にも表情がいいと言われます。洋服と違って体型を選ばずに着られるのが、着物のよさのひとつ。若い人にも着てほしい。日本人には着物が似合いますから。

18 服装や髪型が似合っているかどうかは、客観的な目も大事です。若い人が目上の人をほめるのは失礼な場合もありますが、自分がこの年齢になったので、いいな、と思ったときは、口に出してその人をほめるようにしています。

19 仕事柄、行く場所や部屋の雰囲気、その日の天気に服装が合っているか、いつも考えます。春の明るい日差しの下で黒っぽい服を着ていてはつまらない。1泊の旅でも、朝食のときだけ真っ白なTシャツを着ることもあります。

挿画 秋山花

67歳　日比ななせさん（画材店オーナー）
困難を越える秘けつは、まず目の前にあるひとつを動かしてみること

わたしの朝ごはん

（上）きなこや黒ごま、フルーツを入れたヨーグルトと、酒粕を塗ったクラッカー。ルイボスティーには干した生姜を入れる。（下）運営する画室を回り、展示中の作家たちにあいさつをする。

(上)独自の色が並ぶ店内の絵の具コーナー。(左)兵藏さんは幼いころ、虹を見て「あの美しい色の橋を渡りたい」と思ったという。スケッチブックはその虹の色をイメージしている。

芸術に身を捧げる人の役に立つために

日常は、首尾よく進むこととうまくいかないことの連続です。心弾む出来事のある一方で、ときには難題が待ち受けていることもあります。大きな困難に心がくじけそうなとき、わたしたちはどのような態度で臨んだらよいのでしょう。

「あきらめず、自分の百パーセント以上の力を出しきってでも乗りきるしかないと思います。登ることができたはずの山を、最善を尽くさなかったために登りきれないと、後悔しますから」と答えたのは、日比ななせさんです。

ななせさんは、銀座で「月光荘画材店」という名の小さな画材店を営んでいます。プロはもちろんのこと、初めて絵筆を手にする親子連れまで、たくさんのお客さまがこの店に足を運びます。

「月光荘」を創立したのは、父・橋本兵藏《ひょうぞう》さんです。明治生まれの兵藏さんは、富山から上京してさまざまな仕事に就きます。そのとき、住み込み先の向かいに暮らしていた与謝野鉄幹、晶子夫妻と懇意になりました。そして与謝野家に出入りするうち、藤島武二や梅原龍三郎といった画家たちと知り合いました。芸術という大きなものに一生を捧げる彼らの姿に心打たれた兵藏さんは、芸術のために自分にできることはないかと考えるようになりました。そして画家たちが国産画材の使いにくさを語るのを聞き、画材商になることを決意します。発色のよい絵の具、強風に飛ばされないイーゼル、しなやかに動くペインティングナイフ。芸術を支えるこうした品物を、兵藏さんは職人の手を借り、画家たちの声を聞きながら作り上げました。努力が実り、1917年に創業した「月光荘」は、多くの画家たちに認められるようになりました。

画家たちのなかには、裸足で店にやってくる人もいました。靴よりも、一本でも絵の具を買いたいという気持ちからです。そうした姿を目にして、兵藏さんはいっそう誠実に働きました。

どんなときでも焦らずまずは一歩ずつ進む

ななせさんが「月光荘」を継いだのは1987年のことです。結婚して三児に恵まれ、銀行員である夫の海外赴任先で長く専業主婦をしていました。父から手取り足取り仕事を教えてもらったことはありません。そもそも、店を継ぐとは思っていなかったのです。それでも、全身全霊をかけて努力をする兵藏さんの姿勢は、ななせさんに受け継がれていたようです。

ヨーロッパ各国、それにアメリカ。赴任先が変わるたび、ななせさんは現地の言葉を必死で覚え、不動産屋との交渉や、子どもの生活、学校での活動を手助けしました。難題を前に足がすくみそうになると、ロンドンのマタニティ教室で教わった言葉が支えになりました。

「子どもが生まれると、家の中がとても散らかるし、夜中に何度も起きなければならなくな

親子三代にわたり愛用した机を食器棚に。作り出す苦労を知っているので、ものを捨てない。

使い込んだものの強さがにじむ母の鍋。ものの命は人の寿命より長いとななせさんは感じ入る。

幼いころから濁りのない色に触れさせたいと、兵藏さんから本格的な絵の具を与えられた。

気軽に色と親しんでもらいたいと思っている。葉書に色をのせると、送り先へ思いが伝わる。

「はなれ」と呼ぶ別宅で仕事の打ち合わせをする。本題に入ると、表情が引き締まる。

ヨーロッパとアメリカで長く暮らした。海外赴任時代の家族写真は、居間に飾っている。

るでしょう。そんなとき、まずは汚れたお皿を一枚でもいいから洗ってみなさい。出ている本を一冊でもいいから本棚にしまってみなさい」

最初は半信半疑で聞いていたななせさんでしたが、実際に出産を経ると、この言葉が魔法のように効きました。どんなに疲れていても、汚れた皿一枚を洗い始めると、自然と身体が動くのです。それは、父の言葉とも重なりました。兵藏さんは常々こう言っていたのです。

「焦らんで、まずは一歩ずつだよ」

どんなときも、最初の小さな一歩を踏み出すことから、自分の気持ちが動きます。山のように積まれた途方もないような困難も、最初から無理とあきらめるのではなく、まずはひとつ動かしてみようと、ななせさんは思いました。

心と心をつないで店は作られていく

長い海外生活を終えて久しぶりに帰国すると、「月光荘」は大変なことになっていました。トラブルに巻き込まれ、店舗や生まれ育った銀座の土地建物を人手に渡さなければならなくなっていたのです。90代になった兵藏さんの体調も思わしくありません。父が精魂込めて作り上げたすべてがなくなってしまうのをなすすべもなく眺め、その後の日々を平然と生きていくことはできないと、ななせさんは思いました。こうしてななせさんは、「月光荘」を引き継ぎ、元の姿に戻すべく、別の場所で新たにスタートさ

汚れたお皿が山積みになっていたら
まずは一枚、洗ってみる。
そこから自分の身体が動きます。
どんな困難も、最初の小さな一歩から。

（右）時間を見つけては「月光荘」の店先でスタッフに指示を出し、お客さまの相手をする。（左）兵藏さんは「作品は絵描きの命だ。絵を簡単にもらったりできない」と言っていた。家族ぐるみの付き合いだった猪熊弦一郎の絵は、ななせさんの手元に残る数少ない作品。

せることにしたのです。

　再出発にあたり、ようやく借りることができたのは、エレベーターのない雑居ビルの最上階でした。父の腕をとって階段を上がりながら交わした言葉を、ななせさんは忘れられません。

「こんな上の階の小さな場所で、平気かな」となななせさんがつぶやくと、兵藏さんは前を向いたまま、明るい眼差しでこう答えたのです。

「大丈夫、店は建物ではない、人だ。中で働く人が作っていくものだよ」

　現在のななせさんは、多忙な毎日を過ごしています。朝食を終えると「月光荘」のほかに、経営している3社の仕事もこなしてから、画廊を巡ります。トラブルが起きたときも、真剣な心は通じると信じて、全力を注いで向かい合います。この連続ですから、一日を終えるとくたくたになります。その疲れをお風呂で解きほぐし、家族と語らい、また新しい一日へ向かいます。

「お客さまに、きれいな色に巡り合ったときのわくわくした気持ちを届けたい。亡くなった父もきっと同じ思いでしょう。常連さんに『月光荘おやじが、よう来たねと言って店の奥から出てきそうだ』と言われるとうれしくなります」

　皿を一枚洗うがごとく、目の前の小さなひとつから取り組む。そこから、道が開けます。

ひび・ななせ　画材店オーナー。１９４６年、東京・銀座生まれ。専業主婦ののち、父・橋本兵藏が創業した画材店「月光荘」を継ぐ。父の代から続くオリジナルの画材を販売するほか、手頃な値段で借りられる貸し画室を銀座に開設、画家の卵たちに発表の場を提供している。

暮らしの「大切なこと」を拝見します。

最後まで使いきるのは先代仕込み。店の備品も商品も、再利用の紙や袋で包装する。

在りし日の橋本兵藏さん。お客さまからは「月光荘おやじ」と呼ばれていた。

同じ質問、それぞれの答え。
日比ななせさんの場合。

Q ずっと手元にある本、何度も読む本を教えてください。

Ⓐ 最近では、渡辺和子先生の『置かれた場所で咲きなさい』です。わたしが身に染みて感じていた「置かれた場所のなかで最もよい状態になるにはどうしたらいいか」ということが書かれています。

Q 部屋にあるもので一番のお気に入りは何ですか?

Ⓐ ひとつは、家族写真。もうひとつは地球儀。これは中・高等学校で英語教師をしていた20代のとき、教え子たちからもらいました。

Q いま勉強していること、身につけたいことは何ですか?

Ⓐ いまも語学が好きで勉強しています。海外生活では、現地の言葉を覚え、率先して使っていました。ドイツの食料品店でレジ係をしたときも、ただ金額を伝えるだけでなく、「いい野菜が入っていますよ」と声をかけることで、その地域になじんだ気がしたものです。言葉が好きというより、人間が好きだということなのかもしれません。

Q 健康のために心がけていること、習慣にしていることは?

Ⓐ 毎朝、リトミック体操をしています。6歳ごろに学校で教わったリズム体操のようなものです。子どものころ覚えたものは歳を重ねても忘れないものだと実感します。「小さいころからきれいな色に触れなさい」と言っているのも、こうした体験と通じています。

Q 趣味について。何をどんなふうに楽しんでいますか?

Ⓐ 活字が好きなので、時間があれば何かと読んでいます。

Q 最近、一番うれしかったことは何ですか?

Ⓐ 3人の子どものうち、最後まで残っていたひとりが結婚したこと。

Q 元気がないとき、どうやって気持ちを切り替えますか?

Ⓐ うまくいかないときはとことん落ち込みます。夫や息子に話を聞いてもらうこともあります。ただし人間は、あまりにもつらい状況が続くと体調を崩しますから、これ以上考えてはいけないところまできたら発想を転換します。すると、むくむくと力が湧いてきます。

Q 一日のなかで、一番大切な時間はどんなときですか?

Ⓐ 帰宅してからのお風呂の時間です。一日の仕事から解放され、母親、そして女性に戻って、自分だけの時間に没入します。

オリジナルの絵筆とパレットナイフ。馬やイタチの毛を用いた絵筆は、絵の具を含みやすい。使い続けて金具がゆるんだら、職人に締め直してもらうことができる。

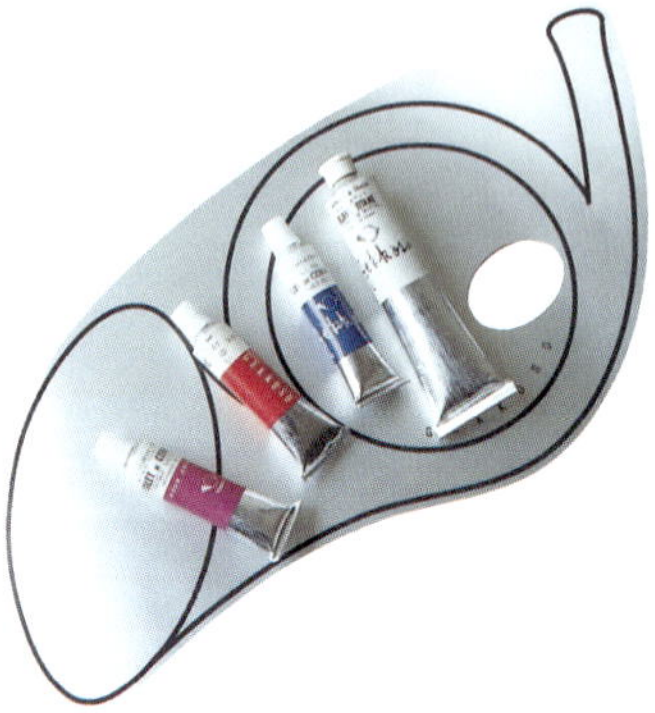

兵藏さんが作った絵の具は、梅原龍三郎をはじめ、名だたる画家に愛された。アルミのパレットは、作家さんのアイデアから生まれた。

渡辺和子さんの『置かれた場所で咲きなさい』は、最近心に響いた本のひとつ。

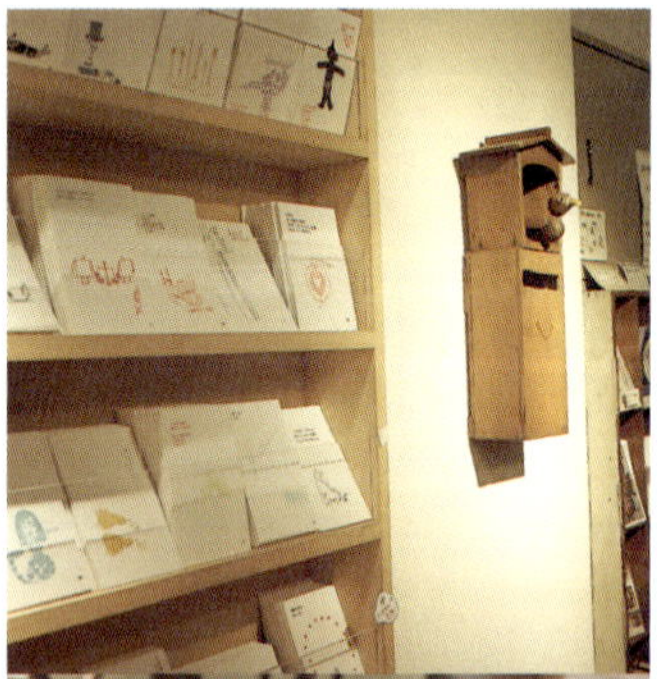

(上) 詩情のある言葉を添えた「ユーモアカード」。お茶を飲みながら好きな絵の具で彩色して店内のポストに投函できる。(下) 高校で教師をしていた22歳のころ、教え子たちが贈ってくれた。中にリキュールグラスとボトルが入っている。

日比なせさんの暮らしのヒント

困難に直面したとき、どんな態度で臨むかによって人生が決まるように思えます。つらいことがあったとき、日比さんの言葉は、背中を押してくれるでしょう。

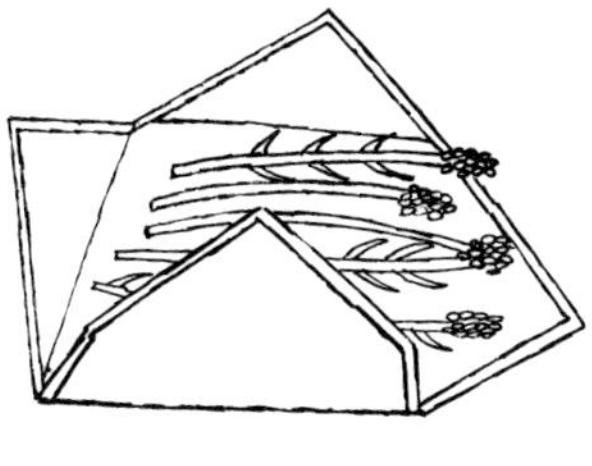

今日はなにを

1 困難は必ず乗り越えられると信じて、いましかできない一番大切なことを全力、もしくはそれ以上の力を出しきってでも行います。

2 耳に心地よい言葉より、厳しい言葉を謙虚に受け止めるようにしています。そのうえで、自分にとって正しいと思える信念は貫きます。

3 人の言葉に素直に耳を傾けます。同じ言葉でも、若いころと歳を重ねてからでは理解が異なります。

4 歳を重ねたいま、同じ空気を吸っていたいと思える人を、家族以外でどれだけ持っているかが重要だと気づきました。人は財産です。

5 途方もない目標も、まずは小さな一歩を踏み出すことです。そうすることで、自分の気持ちも動きます。

6 ひとりの力は小さくても、自分の努力と周囲の手助けで、ひとりではできないことも可能になり、乗り越えられます。まわりの支えを実感すると、恩に報いようといっそう努力できます。

7 落ち込んだときは、ひとりになってとことん落ち込みます。「起きたことは仕方がない」と思えるまで落ち込むと、心が前に向き、「こうしてはいられない」と、力がむくむくと湧いてきます。

8 苦手なものに対して臆病になると、あと一歩が踏み出せず、失敗しがちです。後悔しないためには勇気を奮い立たせて動くことです。

9 伝統を守ることは大切ですが、そのままではいけません。時代の変化をおもしろがりながら、うまく対応する方法を考えます。

10 大根やにんじんのヘタを水につけ、生えてきた緑をいただきます。そこに備わる力を全部いただくと、感謝の念が湧きます。

11 新聞に挟み込まれてきた折り込みチラシで袋を作り、店の包装紙代わりにしています。過剰包装を避けることで、無駄を減らしているのです。その分、質のよい品物をまっとうな価格で提供したほうが、お客さまに喜んでいただけます。

12 不要に見えたものにも小さなストーリーを見いだして、新たな役目を与えます。ものを活用することは、小さな文化を大切にすることにつながります。

13 手紙やはがきにきれいな色を添えましょう。ほんのひと色加えるだけで、もっと心が伝わります。

14 絵を描くときに小さな手直しばかりしていては、生きた絵が描けません。日常も同じで、反省や修正も必要ですが、小さなほころびを取り繕ってばかりではいけません。本来の自分らしさや勢いを大切にするよう心がけています。

15 川原で気に入った石などを拾い、庭に置いておきます。漠然と好感を持ったものを身近に置くことを積み重ねると、やがて自分の感性が理解でき、小さな自信を育むことができます。

16 室内の通路には、ものを置かないようにしています。心地よい光や風のそよぎは、一番のおもてなしになります。

17 服も髪型も、すべて自分の手で納得がいくようにしています。自分自身を最も知っているのは自分自身だからです。そして、毎日の小さな変化をおもしろがるようにしています。

18 子どもの一番の理解者は、親です。わが子が学ぼうとしていることを、親も一緒に情熱を燃やして導いてやることが大切です。

19 子どもにこそ、本物に触れる時間が必要です。幼いころに身につけたものは、大人になってからもずっと影響を及ぼします。

20 自分自身がしっかりしていないと、家庭も仕事もうまくいきません。まずは健康でいられるよう努力しています。

21 仕事は自分自身でもあります。仕事をしているのではなく、自分自身を生きているのだと思って、気合いを入れて目の前の仕事にあたります。すると、その心が他者にも伝わり、心と心がつながって、物事が動き始めます。

挿画　秋山花

食卓のヒント　いつものうちの味、おすすめのひと皿

吉沢久子さん

にんじんのポタージュ

吉沢さんはにんじんグラッセを常備し、料理の付け合わせにするほか、このポタージュに活用しています。簡単に作れるので朝食にもぴったりで、牛乳でカルシウムも補えます。生クリームや、同じく作り置きのホワイトソースを加えれば、よりコクのある味わいに。グラッセは冷蔵保存で3日ほどおいしく味わえるので、食べる分だけその都度ポタージュにしてもよいでしょう。

材料（4人分）
- にんじん…小4本
- 有塩バター…30g　・牛乳…720㎖
- 鶏ガラスープの素…小サジ1杯強
- イタリアンパセリ（またはパセリ）…適宜

作り方
1　にんじんグラッセを作ります。にんじんは皮をむき、1㎝厚さに切ります。
2　鍋ににんじんを入れ、かぶる位の水を加えて中火にかけます。竹串を刺してスッと通るまでゆでます。
3　バターを加えて混ぜ、汁気がなくなるまで煮て、グラッセにします。
4　ミキサーに3と牛乳を入れ、なめらかになるまで撹拌します。
5　4を鍋に移して中火にかけ、鶏ガラスープの素を加えて混ぜます。味見をし、うすければ塩（分量外）を適量加えてととのえます。器に分け、あればイタリアンパセリを飾ります。

3

4

5

写真　一之瀬ちひろ　松本のりこ　後藤啓太　　取材・文　大平一枝　渡辺尚子　田中のり子

栗辻早重さん
野菜たちのサラダ

さまざまな野菜をとにかく細かく刻む、彩りのよいサラダです。近所のレストランで食べたサラダがとてもおいしくて、自己流で再現し、さらにコリアンダーをたっぷり加えてエキゾチックに仕上げたレシピだそうです。りんごがほんのりと甘く、コリアンダーの香りがさわやかです。冷蔵庫に残っていた野菜を使いきる機会にもなります。命名は、夫（テキスタイルデザイナーの故・栗辻博さん）の描いた「ヤサイタチ」というテキスタイルから。

材料（作りやすい分量）※写真は倍量。

- セロリ（茎の部分）…大1本
- きゅうり…2本
- トマト…1コ

※あれば、糖度の高いフルーツトマトがおすすめ。小さめの場合は2～3コに。

- パプリカ（黄・赤）…各$\frac{1}{4}$コ
- 紫玉ねぎ…小$\frac{1}{2}$コ　・玉ねぎ…$\frac{1}{2}$コ
- かぶ…1コ　・カリフラワー…1房
- コリアンダー…1パック
- りんご…小$\frac{1}{2}$コ
- レモン汁…1コ分（30～40㎖）
- オリーブ油…大サジ1～1$\frac{1}{2}$杯
- 塩…適量

作り方

1　りんごは皮をむいて約5㎜角に切り、塩水につけておきます。

2　コリアンダーは長さ約5㎜に、そのほかの野菜は約5㎜角に切ります（かぶは皮をむく）。

3　ボールに水気をきった1と、2を入れて手で混ぜます。

4　レモン汁とオリーブ油を加えて和えます。手を使って和えると、調味料がよくなじんでおいしく仕上がります。

5　皿に盛り、食べる直前に塩を振ります。

2

2

3

庄司勝子さん
ごぼうと牛肉の煮もの

「家族の健康のため、身近な食材で手早くおいしいものを作ることが、主婦の台所仕事」と庄司さんは言います。この煮ものは、料理人、西健一郎さんのレシピを参考に作るうち、簡単でおいしいので、庄司家の定番となりました。「すぐに火が通るよう、ごぼうをうすくそぐところ、油で炒めずさっぱりと仕上げるところが、主婦なりの工夫です」と庄司さん。ほっくり煮えたごぼうに甘辛いダシがしみて、ご飯が進みます。

材料（3人分）
- 牛うす切り肉…300g
- ごぼう…1本
- （あれば）スナップえんどう…6コ
- 砂糖…大サジ3杯
- しょう油…大サジ3杯

作り方

1　ごぼうをタワシでよく洗います。うすくそいだら水をはったボールに入れて、アクを抜きます。あまり長時間さらしておくと、アクが抜けすぎて野菜の強さがなくなるので、10分位で充分です。

2　鍋に水カップ3杯を入れて強火にかけます。沸騰したら中火にして、牛肉を1枚ずつ泳がせるようにして入れます。お玉でアクをとりながら、牛肉に火を通します。

3　肉の色が変わったら、1を加えます。味をみながら、砂糖としょう油も加えます。

4　水分が1/3位の量になるまで中火で煮ます。このまますぐに食べることもできますが、一晩おくとさらに味がなじみます。ゆでたスナップえんどうを飾ります。

1

2

3

中村好文さん・夏実さん

豚肉のしょう油漬け

夫婦で愛読している料理本は、40年以上前に発行された、佐藤雅子さん著の『私の保存食ノート』。豚肉のしょう油漬けは、この本のレシピに夏実さんがアレンジを加えて定番料理となったもので、おつまみにもおかずにもなる万能保存食です。煮汁は野菜と一緒にミキサーにかけると、ポタージュふうスープに。残った漬けダレも、炒めものなど、無駄なくさまざまに使えます。

材料（作りやすい分量）

・豚肩ロースかたまり肉…500g
※豚もも肉でも。たこ糸で形を整えます。
・玉ねぎ…大1コ　・しょうが…大2コ
・スプラウトなどの付け合わせ…適量
・粒黒コショー…大サジ2杯
・クローブ…1つまみ
・しょう油…カップ1/2杯
・日本酒…大サジ2杯

作り方

1　玉ねぎはセンイにそってうす切りに、しょうがもうす切りにします。

2　鍋に豚肉がかぶる位の水（直径20cmの鍋で1ℓがめやす）を入れ、1をそれぞれ半量加えて強火にかけます。沸騰したら、豚肉をかたまりのまま入れ、粒黒コショー、クローブを加えて中弱火にします。フタを少しずらしてのせ、50〜60分ほど煮ます。

3　豚肉に菜箸を刺して透明の肉汁が出てきたら、鍋から取り出します。保存容器に、しょう油、日本酒、1の残りの半量を入れ、漬けダレを作ります。豚肉を入れ、一晩冷蔵庫で漬けて完成。数日保存できるので、食べる分だけスライスし、タレに漬けた野菜、付け合わせを添えていただきます。

※保存容器は、肉が完全につかる形状で、なるべく小さいサイズのもの。容量900mℓがめやす。厚手の保存用ポリ袋でも。

1

2

3

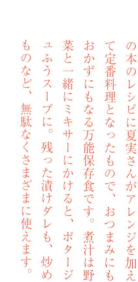

香港すり身豆腐

松林 誠さん

20年ほど前、妻の由味子さんがアメリカを訪れたとき、香港出身の方の家でこの豆腐料理を振る舞われたそう。あまりのおいしさに、その場で作り方を教えていただいたといいます。いまでは由味子さんの定番料理。元のレシピではチキンパウダーを加えますが、新鮮な魚のすり身を使えば充分なうま味が出るので、松林家ではシンプルな材料で作っています。「むきえびは財布に余裕のあるときに入れますが、入れなくてもおいしく仕上がります」と由味子さん。

材料（作りやすい分量）

- 豆腐…1丁
- 魚のすり身（白身魚、または青魚）…200g
- むきえび…5〜10尾（40〜80g）
- 青ねぎ…3本　•ごま油…大サジ1杯
- サラダ油…大サジ1杯
- しょう油…小サジ2杯　•ラー油

作り方

1 青ねぎを小口切りにします。
2 ボールに豆腐とすり身を入れて、なめらかになるまで手でよく混ぜます。
3 むきえびを加え、さらに混ぜます。
4 どんぶり鉢に3を移し替え、ラップをかけて電子レンジで加熱します。めやすは、500Wで5〜10分。
5 菜箸を刺してみて、中心まで火が通っていたら、電子レンジから出して、ラップを外します。
6 5に1をたっぷりとのせ、しょう油をまわしかけます。
7 フライパンにごま油とサラダ油を入れて中火にかけます。
8 油から白い煙が出てきたら火から下ろし、すぐに6にジュッとかけます。
9 好みで、ラー油をひとたらしします。

2

6

8

大原千鶴さん

おからサラダ

大原さんが暮らす京都は豆腐がおいしいことで知られますが、末のお嬢さんが学校の帰り道、近所の湯葉屋さんから、おからをもらってきたときに作るおばんざいだそうです。おばんざいとは、京都の一般家庭のおかずのことで、素材を無駄なくじょうずに使いきることを大切にしています。おからは新鮮なものほどおいしいので、買ったその日に調理しましょう。ポテトサラダ感覚のお惣菜でありながら、和食によく合う味わいで、火を使う手間もなく、気軽に作れるのが特長です。

材料（作りやすい分量）

- おから…80g
- 玉ねぎ…1/8コ
- きゅうり…1本
- ちくわ…1本
- 塩…2つまみ
- マヨネーズ…大サジ2杯

作り方

1　玉ねぎ、きゅうりは厚さ2㎜位のうす切りにし、合わせてバットなどに入れます。塩を振って手でさっと混ぜ、水分が出てきたら、軽くしぼります。

2　ちくわはタテ半分に切ってから、厚さ5㎜位のうす切りにします。

3　ボールにおからと1、2を入れ、マヨネーズを加え、よく混ぜ合わせます。

※おからがパサつく場合は、牛乳または豆乳を大サジ1杯ほど加えて混ぜると、しっとりした食感になります。好みで、牛乳や豆乳の代わりにヨーグルトを加えても。

1

3

3

井出恭子さん

塩豚と豆の煮込み

忙しい日々を送っている井出さんにとって、手軽に作れて日持ちがする塩豚は、心強い味方。かたまりで漬けて少しずつ使い、なくなるころにまた漬けてと、くり返し仕込んでいるそうです。この煮込み料理は、残り野菜を賢く活用でき、不足しがちな栄養素も補ってくれます。豆のおかげでボリュームが出て、満足度の高い一品です。

材料（4人分）

・塩豚…300g
・玉ねぎ…1コ　・にんじん…1/2本
・セロリ…1/3本　・にんにく…1片
・残り野菜（じゃがいも、キャベツ、白菜、なす、ズッキーニなど）…適量
・キドニービーンズ（水煮）…2/3缶（正味160g）　・白ワイン…50mℓ
・オリーブ油…大サジ2杯　・塩…適宜
・イタリアンパセリ（みじん切り）、パルミジャーノチーズ（すりおろし）…各適量

作り方

1　塩豚は2～3cm厚さに切り、セロリはうす切りにします。野菜はそれぞれ1cm角に切ります。にんにくは皮をむき、半分に切って芯を取ります。

2　厚手の鍋を中火にかけ、脂身を下にして塩豚を入れ、表面に焼き色がつくまで焼いて、いったん取り出します。

3　キッチンペーパーなどで出てきた油を拭き取り、オリーブ油とにんにくを入れ、香りが立ったら野菜を入れて炒めます。

4　野菜がしんなりしてきたら、2の塩豚を戻し入れ、白ワインを加え、ヒタヒタになるまで水を加えます。野菜が柔らかくなるまで、弱火で約30分煮ます。

5　キドニービーンズの水気をきり、すり鉢で粒が残る程度にすりつぶして鍋に加え、弱火でさらに約10分煮ます。味をみて、足りなければ塩で味をととのえます。

6　器に盛り、イタリアンパセリと、パルミジャーノチーズを散らします。

4

〈塩豚のレシピメモ〉

豚バラブロック肉を用意し、脂身の部分に数カ所フォークを刺して、肉の重さの4%の塩（たとえば500gの豚肉なら、20g）を全体にすり込みます。ラップに包み、冷蔵庫で保存。3日目から食べられ、必要な分量だけ切り落として使い、2週間以内に食べきります。

住まいのヒント
心地よい暮らしの空間

森田 直さん・和子さん

モダンな空間に
東西の古い家具をなじませ、
自分たちらしく生かす。

①デザイン関係の仕事をされていた方が建てた家を、16年前に購入。照明は、調光機能のあるダウンライトに替えています。②中国で求めた清朝末期の紫檀の棚は、書棚と思われますが、わが家では大皿などを収納しています。③北欧のマガジンラック。大型の美術書がたくさん入ります。④松本民芸家具の椅子。約45年前、テーブルとそろいで手に入れました。⑤約50年前に購入した水目桜の平臼。飛騨高山の旧上宝村《かみたから》に伝わる珍しいもので、サイドテーブルとして使っています。⑥洋画家で版画家の福井良之助《りょうのすけ》さんの鉛筆画。昭和40年代に、お仕事を手伝ったのがご縁で何点か絵を買いました。その後、いろんな方にお譲りし、1点だけ残ったこの鉛筆画が、実は一番のお気に入りです。⑦江戸末期の欅の車箪笥は、火事のときにすぐ持ち出せるよう、車輪が付いています。店の商品として山形県米沢市で少しずつ買い集めた10点のうちの1点。長らく親が使っていたもので、深い愛着があります。⑧カエルの焼き物は約30年前に東南アジアで、ふと惹かれて買いました。

写真　一之瀬ちひろ　松本のりこ　後藤啓太　　取材・文　大平一枝　渡辺尚子　成合明子　田中のり子

栗辻早重さん

住まいに大胆に手を入れて40年。使い込んだ家具や照明も修繕するたび、新鮮な佇まいに。

①元はガラス張りだった部分に板を張り、キャンバスだと思って何度も塗り替えました。壁の色を変えると、フレッシュな気持ちで過ごせます。子育て中は家にエネルギーが満ちていたので、派手な色でした。②扉の向こうに小部屋を作り、夏場は冷房を入れて食品貯蔵庫として使っています。③40年前の竣工時に作り付けた食器棚には、夫のデザインした食器や、旅先で求めた器を収納。④やかんは、湯を沸かすというただひとつの役目のために作られたユニークな形と、世界中にある普遍性に惹かれて、20年来集めています。人と同じで、個性は多様。ときおり磨いては並べ替えています。⑤照明は電器店で見つけたイタリア製。色が褪せるたび、同じ色で塗り直しています。⑥丸いテーブルは椅子の数を自由に増減でき、客人が何人いても心地よく過ごせます。⑦ガラスの大きな花瓶に、季節の花を活けています。食卓についた人の視線が花に注がれ、シンクの目隠しに。⑧ハンス・ウェグナーの椅子。塗装をやり直し、座面を張り替えながら数十年間使っています。

原 由美子さん

東と北に大きな窓がある明るいリビングは、この家に引越す決め手のひとつでした。

①テーブルは、以前事務所で使っていた作業台。棚を背に座り、東側に大きくひらけた正面の窓から外を眺めながら、朝食をとります。いまの住まいはマンションの8階。リビングにも、書斎にしている西側の部屋にも、大きな窓があるのが気に入りました。②ダイニングセットのようにそろえたくなくて、テーブルの高さに合うアーコールの4脚以外は、トーネットの椅子などを置いています。③特注した棚には画集や写真集、映画のレーザーディスクを。④棚の上には、古い写真やパリやニューヨークなど旅先で出合ったものを置いています。アフリカの木彫の人形は「古民藝もりた」で求めたもの。染付の壺には炭を入れて。⑤カーテンは、もともとはかつてあったアシャというブランドのベッドカバー。インドのテキスタイルで、格子状のパッチワークが東側の障子の桟にも合い、風合いも気に入っています。⑥カーテンの前に並べたのは、還暦祝いにいただいた鉢植え。石垣島のソテツの一種だそう。五鉢そろった枝ぶりを保ちたいので、ときどき切って花瓶に活けています。

庄司勝子さん

家の中にいても
野花や自然の光と親しめるよう
小さな工夫をちりばめて。

①天井と壁は、稲藁を混ぜた土壁。屋根に土を敷き緑化しているので、夏は涼しく、冬暖かく過ごすことができます。②古道具を壁に掛けて飾っています。壁から外し、花を活けた器の下に敷くこともあります(64頁参照)。③西側の窓に、障子を入れました。和紙を通した光は、活けた野花を美しく見せてくれます。④天井の照明が少ないので、手元用のスタンドをソファの脇に置いています。台に敷いたのは、色が気に入って求めたストール。⑤庭の緑がよく見える位置に、デセデのソファを据えました。⑥ローテーブルには、着物の端切れやのれんを掛けておきます。民芸店や骨董市で安くて美しい端切れを見つけるのは、楽しいものです。⑦ダイニングテーブルは、栗材でできています。椅子の高さに合わせて作り付けてもらいました。⑧天井から下がるペンダントライトは、市販品ですが、シェードの素材や質感が人工的で気に入らなかったので、骨董市で見つけた反物の型紙をかぶせました。⑨台所からも緑が見えるよう、窓を大きくとっています。

井出恭子さん

洗練されたデザインと素朴さ。そのふたつのバランスが、自分らしい空間を作ります。

①イタリアのオズヴァルド・ボルサーニが1950年代にデザインしたラウンジチェアは、背もたれや座面などの角度を細かく調整できて、座り心地が抜群。本を読むときや、考え事をするときに。②特注で作った本棚は、家の建具の色調に合わせて、塗装してもらいました。夫とふたりで集めたデザインや建築関係の本を収めています。③フランスの照明デザイナー、セルジュ・ムイユのランプ。有機的なフォルムですが、線が細く重たい印象にならないところが気に入っています。④デスクはわたしが持っている家具のなかではデザイン性が強いものだと思いますが、ウォールナットの落ち着いた色味のおかげで、違和感なく部屋になじみました。⑤珊瑚を机の上に飾り、隣にはビンテージのガラス製ペーパーウエイトを。⑥フランスの陶芸家、リュエラン夫妻の作品は、いくつかまとめて飾っています。⑦フランスのミッドセンチュリーのサイドボードには、書類や手紙など紙ものを保管。幅が広いけれど、金属製の細い脚のデザインのおかげで、圧迫感がありません。

中村好文さん・夏実さん

好きなものだけが
さりげなく詰まった、
肩肘張らない快適空間。

①トランプ大のボール紙に描いた作品で知られる、ロベール・クートラスの絵。広告の裏紙に描かれています。生前のクートラスを、パリの下町のアトリエまで訪ねたことがあります。②縦長の障子は上下にずらして風通しや採光を調整できます。日本古来の無双窓《むそうまど》の仕組みからアイデアを得ています。③サルディニアで買ったおばあさんの手編みのざるで、ピザをのせるもの。小さな脚台の上にのせると、携帯テーブルに。④⑤⑥「○・△・□《まるさんかくしかく》」という名のスツール。座面に、真木テキスタイルスタジオの布やクロマー(カンボジアの手織り布)、ミナペルホネンの生地を張っています。⑦畳のスペースにお客が泊まるとき、間仕切るための障子が、ここにしまわれています。⑧作り付けの本棚。本はテーマごとに分類しています。⑨ガラス瓶は出自や新旧にこだわらず、好きなものをディスプレイ(52頁参照)。⑩この板を倒すと、階段の上に空中廊下が現れ、書棚の本を取り出せます。⑪アメリカで買ったシェーカーボックス。薬入

れにしています。取り出しやすく、細かな日用品を収納したいときに重宝です。⑫左のダイニングスペースと畳のリビングスペースを仕切るキャビネット。マガジンラックや引き出しが付いています。引き出しにはランチョンマットやトレイ、文房具などを収納。⑬「ステップストゥール」は、踏み台にも棚にもテーブルにもなる変幻自在なオリジナル家具です。⑭ストーブ型暖炉。ふたを開け、炎のゆらめきを眺めて楽しみます。⑮楕円テーブルは一時期、「中村好文の家具デザイン」展で地方を巡回しました。その間、ダイニングテーブルがなくて困ったのも、いまは笑い話です。⑯サムチェア。サム（THUMB）、すなわち親指のようにアームの先端を少し反らせたデザインにしました。⑰小屋のように小さな住まいで暮らしていた若いころから、ふたり暮らしには不釣り合いな数の椅子を持っていました。こちらはウィンザーチェア。アンティーク、現代作家もの、自分のオリジナル。一種類で統一せず、いろいろな椅子を使うのが好きです。⑱自作のペンダントライトPERA。イタリア語で洋梨という意味です。バランサーは陶製のアンティークです。⑲拡大鏡。本や雑誌を読んでいて、細かいところを見たいときに使います。⑳大きなシャーレを伏せた中に、セミを象った造形物などを飾っています（48頁参照）。

岡尾美代子さんの靴とバッグ

スタイリング　岡尾美代子　写真　松本のりこ

岡尾さんが「アーツ&サイエンス」で購入した「ベアトリス ヴァレンズエラ」の靴は、パーツを簡単に縫い合わせたようなシルエットが、イヌイットの靴を連想させる。「履き口が浅めで、真っすぐに切れているデザインが好き。ふだんの服装、デニムやチノパンと合わせるとしっくりきますし、履いていてとても楽で、いま一番活躍している靴です」。

身につけるアイテムのなかでも、
〝道具〟の趣があり、
手入れをしながら長く使える
靴とバッグには、
その人らしさが表れます。
スタイリストの岡尾美代子さんに
大切な靴とバッグについて
教えていただきました。

靴のお手入れ道具一式は、白樺のかごに収納し、玄関に置いてある。

15年来、トランクにつけている革のタグ。一年に幾度も旅に出る。

靴を選ぶときにポイントとされていることは何でしょう？　そう尋ねると、岡尾さんはちょっと考えて、「バランスでしょうか」と答えました。デザインがよく、履き心地がよかったとしても、自分のプロポーションやコーディネートのバランスにぴったりとくる靴はそれほどない。だから、そのすべてを兼ね備えた靴が見つかったなら、修理を重ねながらくたくたになるまで履き込むし、同じ靴を続けて購入することもよくあると言います。

「好きでも似合わないものは山ほどありますし、失敗もあります。でもだんだんと、自分にはメンズライクな靴が似合うのかな、と、わたしの〝定番〟がわかってきた気がします」

一方で、バッグはコーディネートのアクセントとして、遊び心を感じさせるものを選ぶことが多いそうです。また、ひんぱんに旅をする岡尾さんにとって、丈夫で軽いトランクは、傷もいとおしくなる大事な相棒でもあります。

靴もバッグも、共通しているのは、しっかりとした作りのものに惹かれるということ。それでいて、「どこのブランドかわからないような、〝お里が知れないもの〟が好きですね。雑貨や服も同じですが、〝ありそうでないもの〟に出合うと、ときめきます」と話します。

岡尾さんの靴とバッグは、それぞれに個性的でありながら、紛れもなくひとりの人の持ち物だという、相通ずる空気を持っています。そんな、自分らしさが醸し出されるもの選びのセンスは、その人のもともとの素質なのでしょうか。伺ってみると、「努力して身につけるものだと思います」という言葉が返ってきました。

街を歩くとき、岡尾さんは道行く人のファッションを観察するのが好きだと言います。

「最近目にしたのは、黒のタンクトップとロングスカートに、辛子色のコンバースのハイカットを合わせた女の子。かっこよかったですね」

あるファッションに心惹かれたら、「かっこいいな」で終わるのではなく、「なぜそう見えるのか？」と考えてみる。まねをして失敗したら、反省して原因を考えてみるのもいい。ただ何となく買い物をくり返すのではなく、失敗も糧にして、経験を積んで育てていくもの――それがセンスではないかと言うのです。

「〝センスを磨く〟とよく言うけれど、それは〝考えること〟なのだと思います」

ブランド名や誰かのお墨付きを頼みにするのではなく、自分が育ててきた感性を軸にする。岡尾さんが愛する靴とバッグは、そんな、もの選びの楽しみを教えてくれます。

おかお・みよこ　スタイリスト。高知県生まれ。洋服、雑貨、インテリアなど幅広いジャンルのスタイリングを手掛けるほか、鎌倉で友人とともにデリ「LONG TRACK FOODS（ロング・トラック・フーズ）」を開く。著書に『雑貨の友』（筑摩書房）、『肌ざわりの良いもの』（産業編集センター）など。

履き込んで、自分そのものみたいになった靴、大切に残している靴があります。

ナイトガウンに合わせる紳士用の室内履きを、女性用に作り替えた、「エヌケー」の靴。若いころ、これに似た室内履きを外履きにしていました。黒のタイツと合わせます。

20代のころに買った「コム デ ギャルソン」のブーツ。チロリアンシューズのような雰囲気が好きで、ワンピースに合わせていました。いまでもごくたまに履きます。

最近のことなのですが、人生で初めて、ヒールの高い靴を買いました。甲をすっぽりと包み込むデザインは、わたしの足にぴったりきます。「アーツ&サイエンス」のもの。

「ビルケンシュトック」のなかでも、この「アリゾナ」を愛用。以前は素足で履くのが好きでしたが、いまは「冷え取り」のため、靴下を重ね履きした上に履いています。

「L.L.ビーン」のブーツ。ゴム貼りで、雨の日用として使っています。ウディ・アレンが映画『アニー・ホール』で履いていそうな、ニューヨーカーの雨靴のイメージです。

「ジャーナルスタンダード ラックス」で求めた別珍の中国靴。ノーカラーのシャツやジャケットといった中国ふうのトップスに、デニムを合わせて履いたりします。

「マーガレット・ハウエル」の上等な紐靴。イタリア製です。イギリス製の靴もしっかりとした作りだけれど、なおかつすばらしく軽いのがイタリア製の特長だと思います。

「アーツ&サイエンス」で購入したサイドゴアブーツ。買って1年足らずなのに、踵を修理すること3度――。それくらい、すごく履き心地がよく、ワードローブに合う靴です。

「エマホープ」の中国ふうのお出かけ靴は、もとは細身だったのに、わたしの足の形になりました。スタンドカラーの、中国のおじいさんふうのジャケットと合わせています。

買ったばかりの「アグ」のモカシンふうの靴。インソールがぬいぐるみのようにフカフカで、ルームシューズとして履こうか、それとも外履きにしようか、考え中です。

「トリッカーズ」のサイドゴアブーツ。足首の部分が締まっているので、履くときに少し苦労しますが、丸みがあって愛嬌があり、わりと個性的なところが気に入っています。

「ダンスコ」とコラボレーションしたクロッグス。足元にボリュームが出るので、プロポーションのバランスが取れます。いつも玄関に出してある、デイリーな靴。

「J.M.ウェストン」のローファーはとても細身。このように形が整った靴には、シューキーパーが必須です。チャコールグレーの靴下で、ふだんの服に合わせています。

ビーチサンダルはこのところずっと、「レインボーサンダル」です。ハワイなどの暖かい土地を旅したり、夏に近所の浜辺を歩くとき、短パンと合わせて履きます。

「コンバース」のハイカットは、真っ白な新品を履くのが恥ずかしく、古着屋で中古を購入。歳を重ねてこれを履きこなしている人はかっこいいと思います。

「エルメス」のメンズライクなチャッカーブーツ。きちんと感があり、友人とレストランに行くときなどに履きます。上等な靴を履くと、足元を見るのがうれしくなりますね。

とても軽い、イタリア「AM」のブーツ。向かって右は2足目です。わたしの全身のバランスに合い、くたくたになるまで履き込んだ、自分そのものみたいな靴です。

「オーロラシューズ」はヒッピーっぽい自由な感じが好きで、十数年愛用。これはニューヨーク州の工場を取材したときに贈られたもので、インソールは猫の形の焼き印つきです。

バッグは、アクセントになる
遊び心のあるものを選びます。
気に入ったものは
つい使い続けてしまい、
あっという間に
ヴィンテージのような風合いに。

ブルックリンで暮らす友人が、「猫好きだから」とプレゼントしてくれました。しょっちゅう使っては洗濯しているので、プリントは薄れ、くたっとした肌触りに。猫は表と裏にプリントされているのですが、表情が微妙に違います。

しっかり、ていねいに作られているバッグ、ありそうでないデザインに惹かれます。

「アーツ&サイエンス」で買った、アフリカふうのバッグ。素材はおそらく麻で、しっかり、ていねいに作られています。コーディネートを軽い印象にしたいときに持ちます。

「アニヤ・ハインドマーチ」のクラッチバッグは海がモチーフ。ハワイあたりのバーで、サンドレスと合わせて……などと想像するだけで、実はまだ使ったことがありません。

15年ほど前に、「ツモリチサト」の展示会で衝動買いしたポーチ。庭の刺しゅうが好きです。旅先で化粧ポーチとして使っていて、いつしかヴィンテージのような雰囲気に。

おばあさんになったとき、買い物かごにしたらすてき……など、理由をつけて購入。おそらく山ぶどうのかごですが、この独特な編み方からすると、作家ものかもしれません。

ロンドンの「アニヤ・ハインドマーチ ビスポーク」であつらえました。型押しのイニシャルは、金具にそろえてゴールドにすべきだったか……と少し後悔しています。

「アーツ&サイエンス」で購入。残布をパッチワークしてから染めたようで、布によって、紫がさまざまな色合いなのがおもしろい。アーミッシュの人たちの服を連想します。

オレゴン州ユージーンのファーマーズマーケットで発見。はじめは笑って見ていたのに、「こんなストラップは日本のかごにはない」と思ったら、急にほしくなりました。

刺しゅうで自分の愛称を入れた「L.L.ビーン」のトートバッグ。赤や緑もありますが、なかでもネイビーが好き。パソコンを持ち歩いても安心な、しっかりとした作りです。

「アニヤ・ハインドマーチ」のバッグ。トレードマークであるリボンのモチーフが細やかに編み込まれています。大人のかわいらしさ、遊び心のあるデザインが好きです。

ロンドンであつらえたばかりの「グローブ・トロッター」のトランク。特殊紙でできていて軽く、クラシカルな印象です。黒でイニシャルを型押ししてもらいました。

スタイリングの仕事で何かものを探すとき、両手が空くリュックサックは重宝します。これは「アルタデナワークス」のもの。学生が持つような、硬派な感じがします。

パリで荷物があふれてしまったときに買った、「エルベシャプリエ」のバッグ。そのときはもったいない気がしたけれど、鍵をつけ、旅のサブバッグとして愛用しています。

第3章　70代、80代、90代
わたしの暮らしのヒント

実りの重みにいつしか枝は垂れ、幹はいっそう力強く根を張ります。
こうして育んできたものを、誰かに与えられる自分になれたら。
足元を見据えながら、遠くに思いを馳せる。
受け継いだものに感謝し、
また新たに分かち合う。

栗辻早重　80歳

苦手だと感じる人はいても、その人を嫌いにはなりません。本当にいやな人というのは、世の中にいないものと考えています。

安野光雅　87歳

自分のなかの劣等感を、ひとつひとつ取り除きながら生きたいと思います。最後に残る、かすかな誇りが、生きる力となります。

吉沢久子　95歳

ふだんから、さまざまな年代の人と付き合うようにしています。高齢で外出しにくくても、人とのつながりが社会との窓口になります。

森田　直　80歳
　　　和子　70歳

初めて会う相手にも、自分からはっきりとした声であいさつをします。そうすると、不思議とあとの会話が弾むものです。

写真　一之瀬ちひろ（106〜110頁）　松本のりこ（112〜118頁）
取材・文　大平一枝（106〜111頁）　渡辺尚子（112〜119頁）
イラスト　阿部伸二（104〜105頁）

80歳　森田　直《ただし》さん（古民藝店店主）
70歳　森田和子さん（古民藝店店主）

夫婦で互いの役割を楽しみ、尊敬し合う

わたしたちの朝ごはん

かぼちゃのスープ、トースト、季節の果物、ヨーグルトのブルーベリージャム添え。朝にコーヒーを飲むとお腹が重くなる気がして水にしている。パンは南青山の店の近所にある、「紀ノ国屋」や「Café＆Meal MUJI」で買う。

直さんは出勤すると、まず1時間ほどアイロンがけをする。

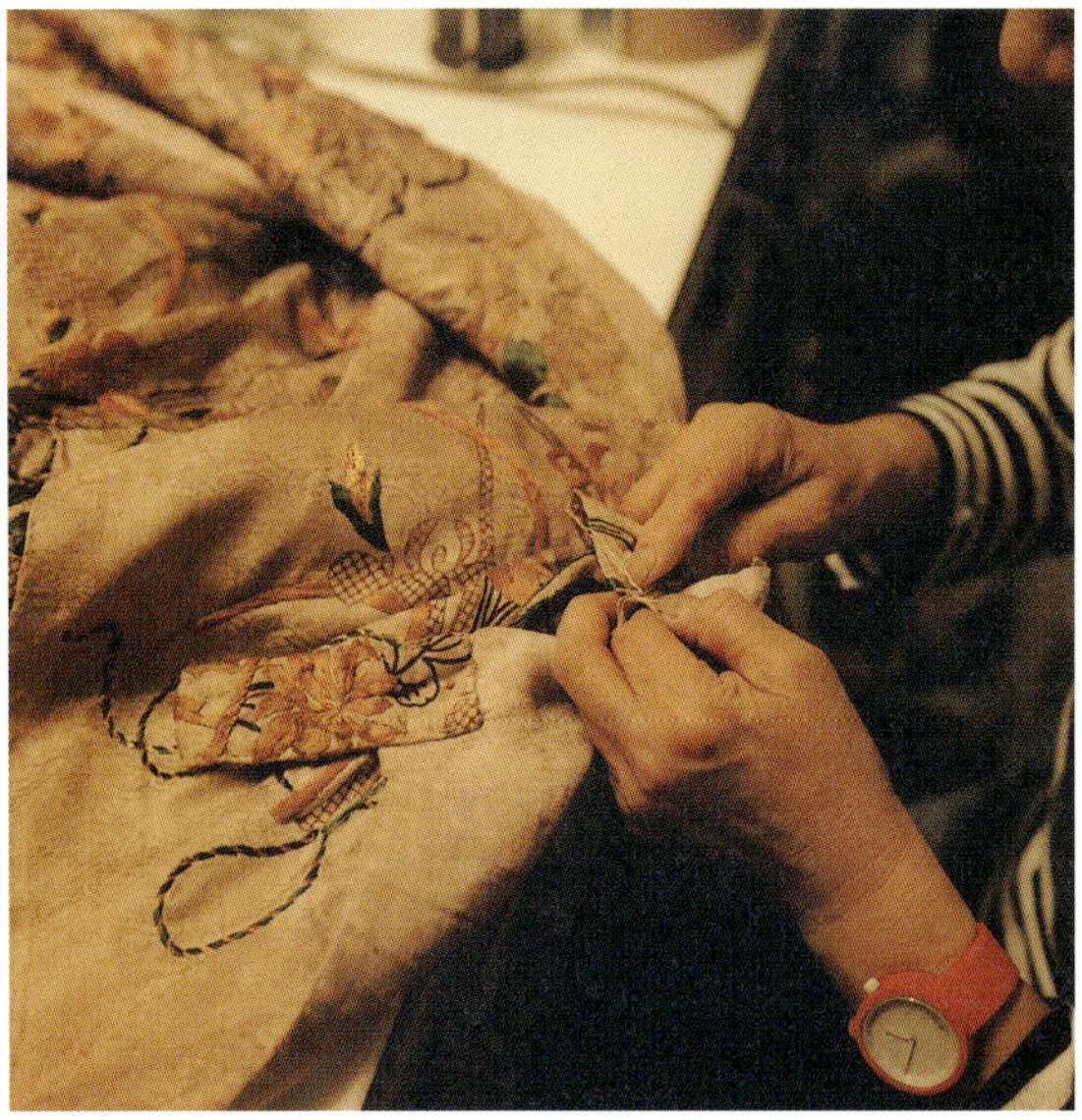

店で和子さんは、古裂の縫い目をほどく仕事も担当。

左から、インドの手描き更紗、刺し子風呂敷、藍染めの帯。

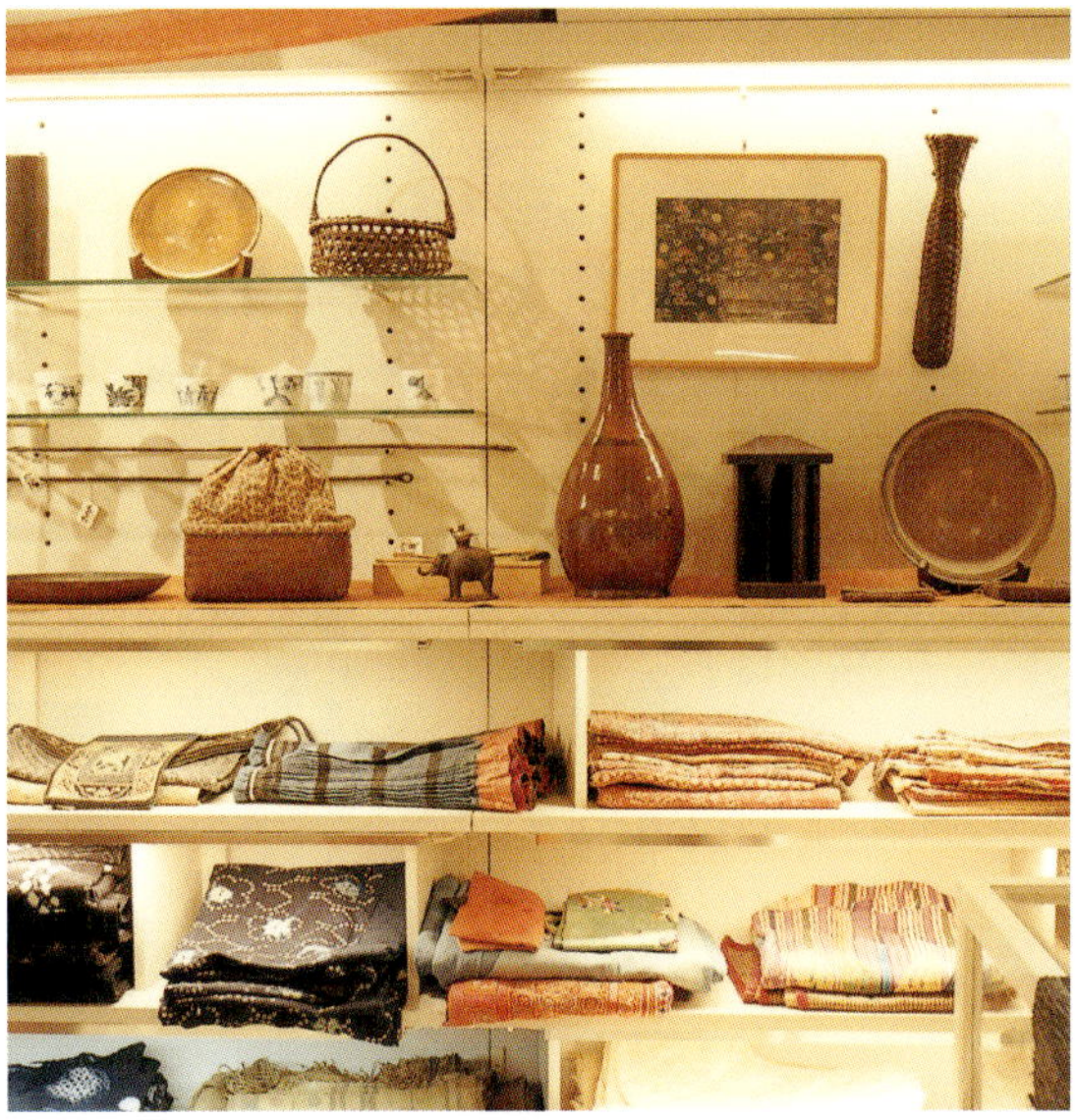

1970年開店。やわらかい光の照明にこだわった。

明朗と温厚。古裂《こぎれ》の名店を支える人となり

一般の骨董ファンのみならず、ファッションデザイナー、茶道家、学術研究者、美術学芸員など幅広い層の顧客から40年以上愛され続けているのが、東京・南青山の「古民藝もりた」です。森田直さん、和子さんご夫婦と、スタッフがひとり。ときどきお嬢さんが手伝いに来るというこぢんまりとした店内には、江戸期からの庶民の着物や帯、草木の繊維を使った原始布、インドネシアやフィリピン、チベット、ネパールなどアジアの貴重な古裂(古布や古い着物類)が一堂に集まっています。年配の常連さんにも、おそるおそるのぞきにきた美大生ふうの若い男性にも同じように、明るく朗らかに声をかけるのが和子さん。直さんは、にこにこと穏やかな笑みを浮かべて後ろからそっと見守ります。

「夫は骨董趣味が高じて店を開きました。好きという一心で、わからなければ自分で勉強して、どうにかこうにかここまでやってこられただけです」と和子さんは言い、こう続けます。「わたしなんてもっとわからない。夫がわたしの先生で、まだまだ勉強中です」。

美術や民俗学の専門家が訪れる店ではありますが、骨董初心者にも緊張を感じさせない、独特の居心地のよさが漂います。

「古いものを楽しむのに決まりなんてないんですよ。最近の男の子なんてみんなかっこよく

自宅玄関。アフリカやフィリピンの古道具が混在する。

イタリアのモダンな照明と、江戸末期の車箪笥が融合するインテリア。車箪笥の上の置物は、約100年前のルソン島の木製枕。

リビングの壁には、額装した紅型《びんがた》を飾る。

て、個性的なファッションですてきだなと思います。トルコで仕入れた中近東の100年前の生地を、さっと羽織ったり。じょうずに古い布を腰に巻いたり、マフラーにしたりと自由自在で、ああ、こういう楽しみ方もあるのかと、わたしのほうが勉強になりますもの」と和子さんは言います。直さんは、週に3～4回は、湾岸の倉庫まで在庫の整理に行きます。自分が世界各国で仕入れた大好きなものに囲まれていると、楽しくて、つい時がたつのを忘れてしまうのだとか。

「倉庫ですから、冬は寒いし、夏は暑い。でも古いものに触れていると、手に入れたときのさまざまな記憶が蘇ります。ずっと売れないものもあるけれど、色や線、フォルム、雰囲気のなかに、どこかユーモラスなところがあるものにぼくは惹かれてしまうんですね。だから売れなくてもかわいい。ユーモラスとは、言い替えればやさしさや温かみのようなもの。それが品物と人間をつなぐのだとぼくは思うのです」

店を包むこの穏やかな丸い空気は、どうやらおふたりの人柄と、直さんが仕入れる骨董のひとつひとつに込められた愛情から、醸し出されているようです。

店は人生であり暮らしそのもの

店でも家でも一緒のおふたりですが、互いの役割は、それぞれの場所でいい塩梅に分かれて

家では、おしゃべり役が逆転。
ワインを飲みながら、
今日あったことなどを
おもしろおかしく夫が語ります。

（左）ダイニングテーブルは30年ほど前、フィリピンから船便で運んだこだわりのもの。（右）和子さんは毎朝8時までには、商品となる古布を洗い、屋上に干し終える。

います。

「ぼくは仕入担当なので、月に1～2回は京都など地方で開かれるオークションに行き、海外にも出かけます。日中は倉庫にも行くので、出ていることが多いです。妻は仕入れた布をほどいたり、洗ったり。お店ではお客さま担当で、久しぶりにひとりでいらした方に〝おぼっちゃん、もう小学4年生ですね〟とすぐ言うんで、びっくりさせられます。お顔と、前に店で話したことをちゃんと記憶しているんですね。ぼくにはとてもまねできません」

家ではたとえば、器や家具、夕食のおかず、ワインのおつまみを買うのが直さん。洗剤などの消耗品を買うのは和子さん。「だって、わたしが器を買ってきても、夫はデザインやなんかにうるさいんですもの」と笑います。

店ではお客さまの相手をし、よくおしゃべりをする和子さんですが、家ではもっぱら直さんの聞き役にまわります。

帰宅後、食卓には、直さんが仕事の合間にデパートの地下で買っておいたチーズやパテが並びます。ゆっくりワインを飲みながら、その日あったことやテレビのニュースについて語る直さん。うんうんと、お酒を飲まない和子さんは横であいづちを打ちます。ふたりにとって、夜8時ごろからのこの時間が、仕事の緊張感から解放され、あとは寝るだけという至福のリラックスタイム。家では仕事の話はしません。

「夫が誰かの悪口を言ったり、愚痴を言っているところを見たことがないですね。だからでしょうか、悩んで眠れないということがないですし、ケンカにもなりません」と和子さん。

店も家庭も二人三脚で築き上げ、いまはふたりのお子さんも立派に成人。円満な人生の秘けつを聞くと「そんなのないわ」と笑い飛ばしますが、人に対して負の感情を持たず、翌日にわだかまりを持ち越さないという心持ちが、このさりげない至福の日常を形作っているのかもしれません。

ところで、店はなんと、盆と正月を除いて年中無休とのこと。80歳と70歳のおふたりにとって、定休日があるほうが楽なのでは、と尋ねると、直さんは首を横に振ります。

「店が暮らしのすべてのようなもの。休みがないのは苦じゃないです」

いつか、イスラム圏の染織などの繊細な手仕事を日本に紹介したいし、朝鮮半島の現代陶器の店もやってみたい、と目を輝かせます。

きっと働くことは、ふたりにとって人生そのもの。肩に力を入れず、自然体で人に接し、やわらかな感性で勉強を重ね続けているからこそ夢は尽きず、こんなにも毎日が楽しそうなのでしょう。

もりた・ただし　古民藝もりた店主。１９３３年、三重県津市生まれ。70年、南青山に古民藝もりた開店。アジアの古裂や工芸品に造詣が深い。著書に『布の記憶』（青幻舎）、『木の古民芸』（光芸出版）がある。

もりた・かずこ　１９４３年、岐阜県高山市生まれ。夫とともに店を切り盛りする。一男一女あり。

暮らしの「大切なこと」を拝見します。

愛犬ミレが噛み切ったコンセントを額装に。

同じ質問、それぞれの答え。
森田 直さん、和子さんの場合。

Q　ずっと手元にある本、何度も読む本を教えてください。

Ⓐ　(直さん) 髙橋雅夫編著の『守貞謾稿《もりさだまんこう》図版集成』。着物をどんな身分の人がどんなときに着たかなど、民俗学的な見地で書かれているので、仕事で大変役に立ちます。

(和子さん) 漫画の『サザエさん』。何度読んでも飽きません。

Q　部屋にあるもので一番のお気に入りは何ですか?

Ⓐ　愛犬が家に来た13年前、噛み切った電化製品のコードを額装したもの。噛み跡が何だかかわいくて、いまも飾っています。

Q　いま勉強していること、身につけたいことは何ですか?

Ⓐ　(和子さん) 歴史。日本のある時代が、中国のどの時代にあたるか、たとえば弥生時代に、中国ではどんな染め物をしていたかなど知識が浅くバラバラで、もっと勉強しておけばよかったといつも思います。お客さまにもっとスムーズに説明できるようになりたいですね。

Q　健康のために心がけていること、習慣にしていることは?

Ⓐ　(直さん) まめに人間ドックに行きます。

(和子さん) 早寝早起きを習慣にしています。

Q　趣味について。何をどんなふうに楽しんでいますか?

Ⓐ　(直さん) お酒、特にワインが好きです。地方の買い付け先などで、お酒と食事のおいしい店を探すのが得意で、楽しみでもあります。

(和子さん) 犬と遊ぶことと、お客さまとのお話です。

Q　最近、一番うれしかったことは何ですか?

Ⓐ　(直さん) 富岡八幡宮の骨董市で、5センチ大のブリキのじょうろの置物を買ったとき、1,800円を1,500円にしてもらったこと。

(和子さん) 犬の病気が完治したこと。

Q　元気がないとき、どうやって気持ちを切り替えますか?

Ⓐ　くよくよしない。ふたりとも、寝たら忘れます。

Q　一日のなかで、一番大切な時間はどんなときですか?

Ⓐ　夕食後。身体を休めてゆっくりテレビを見たり、夫婦でおしゃべりします。

「古伊万里は何といってもブルーの色がいいですよね」と和子さん。左の鉢はサラダなどを盛るのに、下は取り分け皿として30年以上使っている。

「勝」の字入りの古伊万里の皿は、お子さんふたりが小さいころ、試験や運動会の前夜にトンカツをのせて出した、いわば森田家の縁起物。

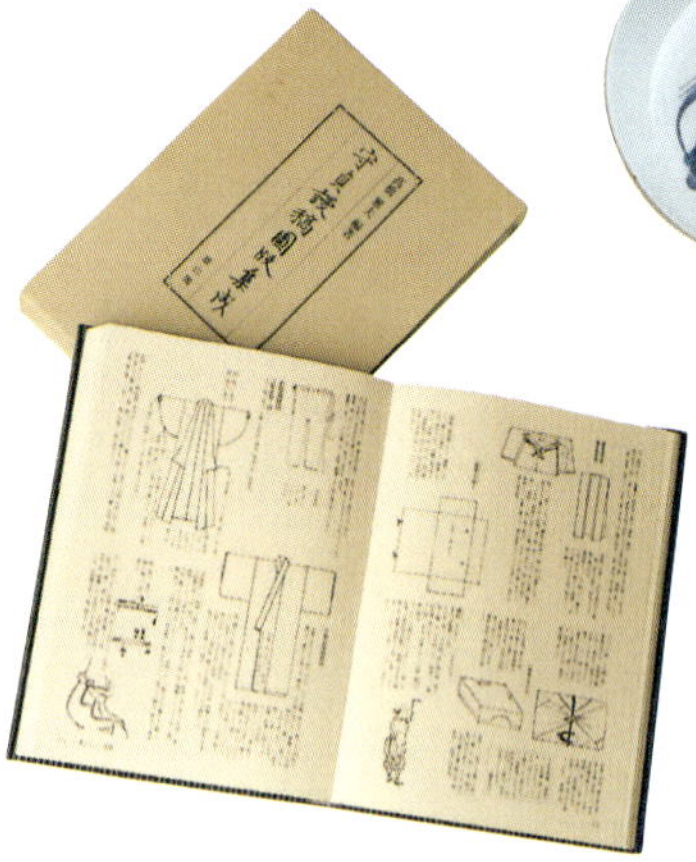

『守貞謾稿図版集成』。江戸時代の風俗史家、喜田川守貞が30年かけて記録した、服装や年中行事の図版をまとめたもの。

和子さんの愛読書である『サザエさん』。青色のほうは復刻版で、お子さんたちからの贈り物。だが毎晩、必ず2ページ目で寝入ってしまうそう。

(上) イングリッシュコッカースパニエルのミレは、ミレニアムの年に、相談なしに突然直さんが連れて来た。早朝の散歩は和子さんの大切な日課。
(右) 直さん愛用のオリベッティ社のタイプライター。海外のお客さまや取引先に手紙をしたためる。

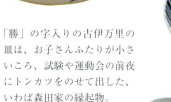

森田 直さん、和子さんの暮らしのヒント

もの選び、食べること、働くこと、身体を癒すこと。仕事でも家庭でも常に一緒のふたりならではの絶妙の距離感、無理をしない暮らしの楽しみ方。

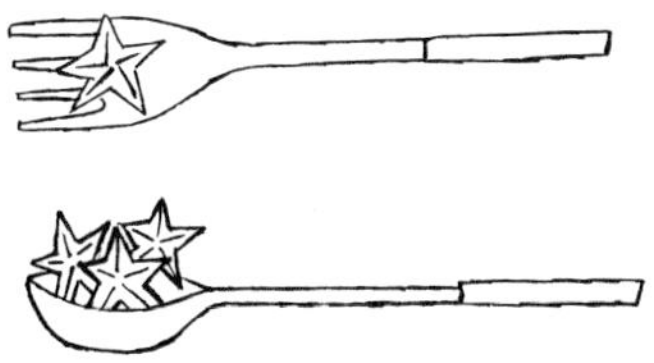

今日はなにを

1 朝は夜明け前に起きて、洗濯や家のまわりの掃除といった家事をひととおり終えます。朝に家事を終えると、あとあと楽で、一日を長く使えます。

2 子どもが小さいころにキャラクターものをほしがっても、スタンダードなデザインで質のよい服を買い与えました。そのほうが長持ちしますし、一着の服を長く大切に着ることのよさを子どもに教えることができます。

3 子ども向けの教育番組をよく見ます。日本語のよさを再発見できたり、能や歌舞伎の解説もわかりやすく、意外に勉強になります。また、見ると元気になります。

4 犬を飼うと生活に張り合いが出ます。夫婦や家族の会話も増えますし、毎朝の散歩は自分の健康にも役立っています。散歩は毎日30分余り、13年間続けています。

5 初めて会う相手にも、自分からはっきりとした声であいさつします。そうすると、不思議とあとの会話が弾みます。

6 外国語を話せなくても、海外のお客さまと通じ合うことはできます。「サンキュー」程度のあいさつと、相手が求めるものを知ろうという強い気持ちがあれば、コミュニケーションはとれるものです。

7 夜は、眠くなったら無理せず就寝します。疲れも取れますし、目覚ましをかけなくても気持ちよく起きられます。

8 朝のニュースは毎日、通勤中に車のラジオで聴きます。せわしないコマーシャルの映像がなく、必要な情報を落ち着いて得ることができます。

9 夫婦の間であっても、よその店や人の悪口は言いません。友人との間でもそれは同じ。悪口は際限がありませんし、親しい間柄であっても後味が悪いからです。

10 本当に気に入ったものは、迷わず買います。ものには、自分で所有することでわかるよさ、湧いてくる親しみがあると思うからです。

11 部屋に飾っている額をときどき掛け替えます。模様替えをしなくても、よい気分転換になります。

12 特に使い道のなさそうな小さな布地でも、織りや染めがすばらしいものは、額装して部屋に飾ります。しまい込まず、インテリアのアクセントとして楽しみます。

13 割れるのを恐れて、上等な器をふだん使いにしないということはありません。器は、卓上で割ることはほとんどなく、洗うときに割りやすいので、そこを注意すればいいのです。

14 人間ドックは定期的に受けます。かかりつけの病院があると、「この検査も受けてみますか」と気軽に提案されることもあり、健康管理に役立ちます。

15 ものの使い方に決まりはありません。中近東の古い服や日本の帯などを自分流にアレンジし、自由な着こなしを楽しんでいる若い人から、学ぶことがたくさんあります。

16 ひとりでお酒を飲みながらの外食は、カウンターのある店を選びます。作る人とのおしゃべりも食事の楽しみだと思います。

17 古道具や骨董は、生活になくてはならないものではありませんが、あると、ほっとしたり、空間が和むもの。自分ならどう使うか、自由な発想であれこれ試行錯誤する時間も含めて楽しみます。

18 食事は少量にとどめ、胃腸の調子を崩さないようにしています。なじみの店では、料理の量を少なめにしてほしいと、あらかじめお願いしておきます。

19 デパートの地下の惣菜売り場をよくのぞきます。季節の味や風物がわかりますし、流行やいまの人たちのライフスタイル、嗜好、流通など、いろんなことが見えてきます。

20 仕事のためだけでなく、趣味として、神社の骨董市などに出かけます。値段交渉など、気ままな会話も楽しみのひとつです。

挿画　秋山花

80歳　栗辻早重《さなえ》さん（人形作家、絵本作家）

クリエイティブな姿勢は、日常生活を喜びで満たす

わたしの朝ごはん

キウイ、小松菜、りんごにハチミツをブレンドしたグリーンジュースは、5日分まとめて作って冷凍する。手製のおからパンにクリームチーズと自家製りんごジャムを添えた。ビワは庭から自然に芽が出て生長したもので、今年は豊作。

毎日行っている料理や庭仕事も、
作品制作と同様、創造です。
そこに想像力が加わると
心躍るものが生まれてきます。

（上）居間の一角の事務スペース。展覧会の案内や気に入った絵はがきを壁に貼っている。（下）スタッフの夕食を準備する。

家の設計は「塔の家」で知られる建築家の東孝光さん。明るい室内に、長年集めてきたやかんがさりげなく置かれている。

生きていくうえで大切なのは「工夫」

都内でひとり暮らしをしている粟辻早重さんは、毎日多忙です。庭の草木を手入れし、アトリエで絵本制作に励み、長く着ていたお気に入りの服を孫のために仕立て直します。さらには自分の食事の支度に加え、8人分の夕食も作ります。夫の故・博さんと起こしたデザイン事務所を引き継いでいるのが、長女の美早《みさき》さんと次女の麻喜《まき》さん。粟辻さんは、そこで働く若いスタッフ8人分の夕食を作っているのです。

「朝食は抜き、昼はコンビニエンスストアのお弁当では、心身が持ちません。そこで15年前から、彼女たちの夕食作りを請け負うようになりました。予算はひとりあたり800円。これは町なかで買うお弁当代をめやすにしています」

たとえば1サク500円のサーモンに砂糖と塩をすり込み、香草をのせてからさらし布で包みます。一晩おくと、身がなめらかになります。安上がりで、しかも喜ばれる一品のでき上がりです。ぜいたくはしないで、そのとき最もおいしいものを工夫して食べさせてあげたいのです。

「『工夫』って、とても好きな言葉です。工夫は創造を生み、苦を喜びに変えてくれますね。クリエイティブな姿勢があれば、家事も仕事も必ず楽しくなります」

無理をすると、家事や仕事が義務のように感じられてつらくなります。そうならないために、

粟辻さんの作品は、ふくよかな女性をモチーフにしたものが多い。

お孫さんが描いた、好きな女の子の絵について話す。

レモンや金柑、トマトなどが育つ庭。実家は園芸業を営んでいた。

アトリエの書棚。夫・博さんの写真が制作中の粟辻さんを見守る。

大切なのは段取りです。

「食事を一気に作ると疲れてしまいますが、食材を買ったときにまとめて下準備をして冷凍庫にストックしておくと、毎回の支度が楽になります。あとは、想像力ですね。若い人たちが喜んでくれる様子を思い浮かべると、今日は何を作ってあげようかと、楽しくなります」

人間は歳をとるほど ぬるくなったほうがいい

大らかな人柄を慕って、たくさんの友人が粟辻さんの元に集まります。その人付き合いにも、粟辻さん独自の考え方があります。

「とても親しくなりながらも、なあなあにならないことです。わたしは夫婦でさえ、他人のような間を置きたいと考えていました。あまりにも親密になると、相手をぞんざいに扱ってしまうからです。また、人間は歳をとるほどぬるくなっていくほうがいいとも思っています。大きな視点でものを見られるようになり、他者にも寛容になって『あの人は駄目』ではなく、『今日は駄目なんじゃない？』となるのですね」

発想を転換させる喜びを教えてくれたのは、博さんでした。結婚して初めて一緒に暮らしたのは7畳間のアパートでした。ふたりの仕事机を並べると、布団を敷くスペースはありません。

「すると主人は、布団を机の下に敷いてしまおうと言いました。さらには布団の上でごはんを食べよう、と。幼いころにしてはいけないと

（上）ひとかかえほどもある鍋で、事務所に届ける分のポトフふうロールキャベツを煮る。小さな器に取り分けた分が、栗辻さんの翌日の夕食になる。料理は工夫。カレールーを入れればまた違う味を楽しめる。（下）事務所へ届ける準備。段取りをきちんとすれば、大量の料理も苦労なく作ることができる。「おもしろいから15年間続いています」。

大小さまざまな鍋やフライパンを、台所の壁際に吊して収納している。気持ちよく料理したいので、庖丁は毎晩研ぐ。けっして大きくはないこの場所で、10人分近い料理を作り出す。

しつけられたことを次々と提案してくるのがおもしろくて、毎日が楽しいものになりました」

自宅を建てたのが、42年前。当初、壁と天井はガラス張りでした。夏は温室のように暑くなり、冬は手がかじかむほど寒くなります。夏は、ストライプや水玉の色鮮やかなパラソルを天井からいくつも吊しました。冬はふたりの娘と一緒に毛布にくるまりながら、キャンプのような状況を楽しみました。天井と壁面の一部に板を張る改装をすると、博さんはその板をキャンバスに見立て、鮮やかな色のペンキを塗りました。

ひとりになったいま、人生をめいっぱい楽しむ

夫婦は影響し合うものです。どんな困難な状況も、考え方を転換して喜びに変える博さんの姿勢は、栗辻さんの一部となりました。だからこそ、ひとりになったいまも、栗辻さんは喜びを見つけることができるのです。

「去年の大雪の日に、映画館のオールナイト上映を見に行ったときは、楽しかったですね。すべってけがするのは怖いけれど映画は見たい。行こうか行くまいか悩むぐらいなら行ったほうがいいと思って、娘に内緒で出かけました」

深夜の帰り道、あたりはしんとしています。家々の灯りは消え、サクサクと雪を踏む音だけが響きます。その静けさをそっと味わいます。

「ひとり住まいになってから、いい時間をありがとう、と思います。せっかくこの世に生を

工夫は、一番好きな言葉かもしれません。
その工夫に不可欠なのが、段取りです。
生きるとは、いかに段取るかだと思います。

夜の粟辻デザイン事務所。この日の夕食はポトフふうロールキャベツ、サフランライス、サラダ（83頁参照）、サーモン。

うけたのですから、いまここにいることを楽しみたい。一生はあっという間ですから」

人生は儚い。このことを実感したのは、幼い長男を亡くしたときでした。18年前に博さんが世を去って、思いはいっそう強くなりました。

「ときおり、主人のお墓がある清水寺の光景を思い浮かべます。早朝にお詣りすると、人ひとりおらず、見渡すかぎり墓石が並んでいます。苔むした石に天保や安政の年号が刻まれたものもあって、長い年月の連なりを目のあたりにします。死は無だとわたしは思っています。いつかわたしも必ずあの年月の流れに、空気のように入っていくのだなと思うのです」

わたしたちに与えられている時間は、けっして長くはありません。それでも人生は、生きる価値にあふれている。この思いをかみしめられるのは、日常のささやかな出来事があってこそでしょう。つまりは日常を工夫してこそ、人生を心から味わうことができるのです。

今日、粟辻さんは庭のビワの木に裸足でよじのぼり、太陽に温められた実をもぎました。大鍋いっぱいのポトフを作りました。夜中に映画を見て、その美しさに息をのみながら、玉ねぎの皮をむきました。それらはすべて、いまを生きているという実感につながっています。

あわつじ・さなえ　1933年、大阪府池田市生まれ。カネボウ意匠室に勤務後、テキスタイルデザイナーの粟辻博氏と結婚し、共同で粟辻博デザイン室を設立。娘の出産を機に制作を始めた人形は、数多くの広告にも登場した。やかんコレクターとしても知られる。

暮らしの「大切なこと」を拝見します。

夫婦で旅したときのお土産。右下はスペインで、ほかはデンマークで求めた。いまも食卓を明るくする。

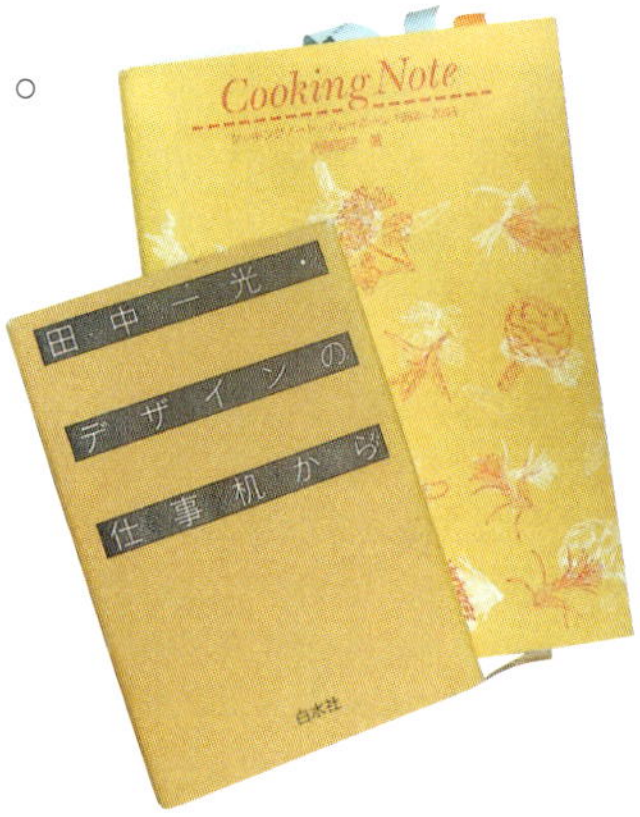

『田中一光・デザインの仕事机から』と、内藤嬰子さんが自費出版した『クッキングノート／アレイホール1988〜2003』。

アトリエの壁には日暮真三さんが書いた、制作中の絵本のフレーズが。

同じ質問、それぞれの答え。
栗辻早重さんの場合。

Q ずっと手元にある本、何度も読む本を教えてください。

Ⓐ わたしたち夫婦と深い親交のあったグラフィックデザイナーの故・田中一光さんの書かれた本は、思わず膝を打つ言葉がいくつもあります。また、ご近所の内藤嬰子《えいこ》さんの料理本は、ふつうの料理本では教わることのできないような勘どころが押さえてあります。

Q 部屋にあるもので一番のお気に入りは何ですか?

Ⓐ どれも気に入っているものなので、「一番」は決められませんが、日常で使うもの、使い込んだものが好きです。若いころに主人と海外を旅して求めたお皿は、いまも食卓で活躍しています。

Q いま勉強していること、身につけたいことは何ですか?

Ⓐ 近所のレンタルＤＶＤ店に並ぶ映画を全部見たいと思います。新作も見ますが、昔見た映画を改めて見てみるのも発見があります。ＤＶＤは、気になったシーンで一時停止できるのがよいところです。わたしはやかんが大好きで、20年来蒐集しています。そのため、台所のシーンなど思わぬところで美しいやかんが出てくると、興奮します。

Q 健康のために心がけていること、習慣にしていることは?

Ⓐ もともと丈夫なのか、特にありません。

Q 趣味について。何をどんなふうに楽しんでいますか?

Ⓐ 小さい子どもと遊ぶこと。子どもの遊びは創造に満ちています。

Q 最近、一番うれしかったことは何ですか?

Ⓐ ご近所からいただいたトラノオが根付いたこと。これまで何度植えてもなかなか根付かなかったので、うれしくなりました。

Q 元気がないとき、どうやって気持ちを切り替えますか?

Ⓐ どんなときも楽しく、元気のなくなることはありません。

Q 一日のなかで、一番大切な時間はどんなときですか?

Ⓐ 一日の仕事を終えて、梅酒や日本酒のロック、焼酎のお湯割りなどを片手に、映画を見る時間です。

(上) 栗辻さんが着ていたセーターやシャツを、孫ふたりや友人の孫の服に作り替えている。子どもも植物も、どんどん成長していくのが楽しい。ゆとりを持ってこう思えるようになったのも、歳を重ねたおかげです、と言う。歳を重ねるのは悪くない。(下) 栗辻さんの著書。右は、今年出版された『ちいさな子のためのリメーク』。

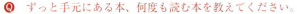

栗辻早重さんの暮らしのヒント

「退屈」や「面倒」という感覚を持ったことがないと、栗辻さんは言います。自分なりの段取りを整えれば日常は、そして人生は喜びの多いものになります。

今日はなにを

1 住まいに何らかの不便があっても、まずはその不便を楽しむ気持ちで向き合います。さらに、自ら工夫して少しずつ改善するうちに、住まいは本当の意味で自分のものになっていきます。

2 手の込んだ料理や、大人数分の料理を作るときは、前日の夜に下ごしらえを済ませておきます。当日一度に作るよりも疲れませんし、気持ちにゆとりも生まれます。段取りは大切です。

3 わたしにとっては、料理や庭作りも絵の仕事と同じく「創造」であり、楽しみです。「創造」が暮らしにひとつあれば、日々はどんどん楽しくなっていきます。

4 誰かが喜んでくれることを想像しながら、料理にいそしむのは幸せです。突き詰めれば、「誰かに何かをしてあげること」が人間の生きる意味だと思います。

5 「創造」はときに苦しみを伴います。しかし、「苦しい山登りも、いい景色を見るためなら苦にならない」とわたしは考えています。

6 躊躇して飛ばずに、のちのち後悔するくらいなら、失敗しても飛んでみること。子どもにも言い聞かせてきた、わたしの信念です。

7 夫婦は互いに影響し合い、支え合うもの。考えの相違があったとしても、考え方を転換させる柔軟さを持つことが大切です。また、夫婦といえども親密になり過ぎるとぞんざいになります。なあなあにならず、しかしとても親しくなる、という距離感が大切です。

8 以前より体力の衰えを感じるようになりましたが、「今日これがしたい」と思ったなら、あとのことを考えてセーブしたりせず、精いっぱいそれを楽しみます。人生は短いのですから、一瞬一瞬を大切にして生きたいと思うのです。

9 家族で暮らした年月を経てひとり暮らしとなったいま、あらゆることを自分で決める自由があると喜びを感じます。環境が変わったとき、そこから新しい喜びを見つけ出せれば、人生は輝くように思います。

10 棚の器類はときどき前後を入れ替え、いろいろな器に出番を作ってあげます。手に入れた生活道具は、長く使い込んでこそ楽しみがあると思います。

11 苦手な人はいても、嫌いにはなりません。本当にいやな人は世の中にいないものと考えています。

12 若いころは特に、自分をよく見せたいと格好をつけるものですが、自然体でいられるようになると、生きるのが楽になります。

13 料理はレシピ通りに材料をそろえて作るのではなく、スーパーで旬の素材を見てから、何を作るか考えます。経済的でおいしく、何より、わくわくする楽しさを味わえます。

14 たとえば食事の支度のために、たくさんの玉ねぎの皮をむくときは、映画のDVDを見ながら作業するなどして、「苦労をした」と思わないようにしています。生活には苦労がつきものですが、その感覚を残さないようにしています。

15 明日この仕事をしようと決めたなら、前の晩に仕事部屋をきれいに片付けておき、すぐに仕事にとりかかれるようにします。

16 料理本のレシピより、友人から教わったレシピのほうが重宝します。くり返し作られたものは、その人ならではの工夫が加えられているからです。

17 ときには、小さな孫とめいっぱい遊びます。段ボールで家を作るなど、手近にあるものを何かに見立てて遊んでいると、想像力と創造力が刺激されます。

18 目に留まった新聞記事の切り抜きや、孫が描いた絵など、残したいけれど分類しにくいものは、大きな一冊のフォルダーに時系列で綴じます。のちのち見返したいとき、日付を頼りにさかのぼれて便利です。

19 若いときに年長の人から受けた親切を思い出すと、感謝の気持ちでいっぱいになります。そして、自分がいま若い人に何ができるか考えます。

挿画　秋山花

オンとオフ、日常と非日常のはざまで

ひびのこづえ（55歳　コスチューム・アーティスト）

コスチュームデザインという非日常のものを作るのが仕事なので、ごく日常の作業である家事は、「オン」と「オフ」の切り替えにとても役立っています。どんなに疲れて遅く帰っても、夫（日比野克彦氏）にぶつぶつ文句を言いつつ、ふたり分の夕食を作ります。最近は、野菜たっぷりのスープや魚とご飯の献立が多いですね。一時期、太ったのでご飯をやめようかなとも思ったのですが、食べた分、動けばいいのだと気づきました。生活のなかで、好きなものを我慢したり、無理をするのはよくありません。ときには外食もしますが、それが続くと、体調を崩したり、ふんばりが利かなくなります。また、お肉もたまには食べないと力が出ません。日常の暮らしは、無理せず、楽しく、自分が心地いいのが一番です。

　わたしにとって家事は「オフ」ですが、何も考えないかというと、そうでもありません。むしろ、クリエイティブな作業です。献立ひとつでも、赤や緑がないと寂しいからこれを足そうとか、食器をこんなふうに並べたらきれいかしらとか、ここにちょっと花を飾ろうとか。いかに効率よく洗濯や掃除や整頓を済ませるかを考えることも、クリエイティブだと思います。基本的に掃除や整理が好きなので、ストレスがたまったときなども、家事をすると自然に解消しています。

　またわたしも夫も旅が好きで、よく一緒に海外に出かけますが、仕事のために何かを吸収しようなどという気持ちはさらさらなく、ただ心を解放します。旅もまた、大切な「オフ」なのです。

　旅のときも含めて、自分が着る洋服も少し変わってきました。若いころはファッションをむずかしく考え過ぎていて、コーディネートにずいぶん時間がかかったものでした。それは、自分の欠点を隠すことに執着していたからかもしれません。いまはもっと気楽に考えるようになりました。このところはワンピースに、はまっています。動きやすくて、しわになりにくく、旅先に持っていくときもかさばりません。また、カーディガンやマフラー、レギンスなど、合わせるもので雰囲気が変わります。シンプル一辺倒の黒1色というようなワンピースはつまらないですね。単色も持っているけれど、柄物は気持ちがちょっと華やぐような気がして好きです。着るのが楽で楽しい。それがワンピースのいいところだと思います。

　ただ、洋服の所有量はあまり変わりませんね。洋服に限らず生活道具もそうですが、機能性と使い勝手とデザインの3つを兼ね備えたものでないと買いません。

取材　大平一枝

そもそもあまり買い物をしないので、全体に持ち物は少ないです。洋服はたぶん夫の三分の一ほど。着回しの利くものが、ワンシーズンに5枚もあれば充分です。それほど高価でなく、着心地のいいものを着古して、次の季節に買い換える。これだと、買い物を楽しみながら、枚数を増やさずに済みます。

　ところで、衣装デザインの仕事をしているわたしですが、実は、日常の洋服だけは、まだ手掛けたことがありません。仕事ではテレビ番組『にほんごであそぼ』の衣装やセット、野田秀樹さんの舞台の衣装、ミュージシャンのアルバムやコマーシャルの衣装などを作っています。けれどもいまは、日常に着る服を作りたいと思い始めています。自分を緩める術《すべ》を知り、人や洋服との付き合い方も変わってきたいまの自分なら、ふだんの服も作れるのではないかなと思うのです。

　少し前までのわたしは、仕事を人に任せることができず、すべてを自分でやらないと気が済まない自己完結型でした。しかし最近、少しずつ変わり始めました。もっと人に頼ったり、甘えたり、意見を聞いたりしたいと思うようになったのです。たとえば、夫はみんなとわいわい飲んだり語り合ったりするのが好きな人。わたしはそういうことが苦手で、早く家に帰って夫とふたりになりたいと考えるタイプでした。長く仕事をご一緒している人でも、プライベートでは会わないことが多かったのですが、それはとてももったいないこと。何ごとも、ひとりでは抱えきれないことがたくさんあります。そういうとき、ひとりでがんばり過ぎず、もっと人に心を開いて関わっていったほうが、ずっと人生は楽しく、うるおい豊かなものになると、いまは思うのです。

　もっと自分を開いて、互いに意見し合ったり、コミュニケーションを図ろう。そう考えるようになったのは、「オン」と「オフ」の切り替えがうまくできるようになったことと、「ＬＩＶＥ ＢＯＮＥ」というパフォーマンスを、ダンサーの森山開次《かいじ》さんと音楽家の川瀬浩介さんとで創り上げたことがきっかけです。チームで何かを創り上げるのはなんて楽しいんだろうとしみじみ実感しました。一見無駄のようにさえ見える時間を共有するなかでも、新しいアイデアや発想が生まれることがあります。ゼロからみんなで知恵を絞り、舞台と観客席との境界線がない新しいパフォーマンスを創り上げるなかで、人と出会い、何かをともに創るのは楽しいと心から思えるようになっていたのです。

　いまはもっと人と出会いたいし、いろんな人と仕事をご一緒できてよかったなと思える瞬間を、どんどん増やしていきたいと願っています。

　幼いころからひとり遊びが好きで、人と付き合うのはいまだにじょうずじゃないけれど、付き合うことが楽しいと思える自分がいまここにいる。だからふっと、こんなふうに思うことがあります。――ひとりでキリキリやってきた自分に神様が、そろそろ次のやり方や生き方をしなさいって言っているのかな？　と。

ひびの・こづえ　コスチューム・アーティスト。１９５８年、静岡県生まれ。東京藝術大学美術学部デザイン科卒業。88年より雑誌、ポスター、CM、演劇、ダンス、バレエ、映画など幅広い分野で衣装を創作。舞台「ＬＩＶＥ ＢＯＮＥ」では衣装も担当。

絵　秋山　花

自分で考えること

安野光雅（87歳　画家）

いまの日本は、昔と違って、文明の利器と言われるものに囲まれた生活になりました。わたしが島根県の津和野で育った子ども時代は、「おまえんち、電気きたかい」と友だち同士がふざけて話していたように、ランプから電灯に変わるころでした。わたしの父が若いころは、まだ本も手に入りにくかったから、ランプの下で本を書き写すほか勉強のしようがなかったといいます。いまはコピー機で簡単に複写ができ、パソコンから何でも印刷できて、車社会になったかと思えばカーナビがつき、電話は携帯になり……と、文明はとまるところを知らず、進むばかりです。便利な世の中に育った若い人たちは、もう後戻りはできないと言うけれど、携帯やカーナビがなかったころ不便を感じたかというと、そんなことはありませんでした。むしろいまは、大きな地震が起きると携帯は通じないし、大風が吹けば電車が止まる。たとえばわたしの場合、絵を描く旅に、目的地があるわけでないし、ナビがなくても少しも困らないのです。

この間、山形県の酒田に出かけましたが、庄内弁をひと言も聞くことはできませんでした。方言は、その土地に受け継がれて、よその人が簡単にまねができないのに比べて、共通語は誰でもしゃべれるし、そのほうがいい、とされていました。お役所は共通語を覚えさせようと躍起になりましたが、テレビのおかげで共通語は、またたく間に普及しました。そして、日本のあちこちにあった固有の文化が、均質な文明に塗り替えられたように思えます。

そうして文化が文明に入れ替わっていく過程で、何が起きたかというと、文明はすばらしい、正しいもの、と多くの人が思い込んでしまったのでしょう。だから、テレビから流れてくることをそのまま信じてしまったりもする。これを飲めば長生きできるとか、顔につけるとしわがなくなるとか。コピーしただけで勉強した気でいたり、インターネットを見ただけで調べたつもりになるのも同じことです。間違いかもしれない、と疑わないから、学生どころか本や雑誌の編集者まで、資料はインターネットに頼るという情けない有様です。

学校や家庭ではふつう、素直な子がいい子だと言われています。でもわたしは、子どものころから物事を疑ってかかる性分で、迷信には惑わされないし、神頼みをしたこともありません。ヨーロッパに伝わる話を下敷きにした、太宰治の『走れメロス』も、友情の手本のように扱われているけれど、冷静に考えれば、親友を勝手に人質にしたのは、王ではなくメロス本人で

取材　成合明子

す。世の中は欺瞞に満ちています。先入観を捨てて、自分の頭で考えないと、何も見えてきません。

よく、どうしたら絵が上達しますか、と訊かれることがありますが、「絵が好き」という以外に近道はありません。わたしも、絵は虚実の「実」ではなく「虚」の世界だ、ということがようやくつかめて、失敗が少なくなってきたところです。人から「こうなっているんだよ」と言われたくらいで描き直すことは少ないし、自分で「そうだな」と心から思えない限り、前には進めないものです。

ではどうしたら、自分で考える力を養えるか。わたしは、本を読むのがいいと思います。テレビはめまぐるしく移り変わる平面で、こちらが考えるより早く、何もかもがどんどん進みます。そこへいくと、本はぱっと見ただけではわかりません。並んでいる活字をほどけば、長い長い一本の線になり、わたしたちはそれをたぐったり戻ったりしながら読むわけです。誰かが犯人だ、となれば、ページを戻って考える。「山と湖があった」と書いてあれば、風景を想像するでしょう。そしてその風景は、ひとりひとり違うものです。どこかの場面の会話から主人公の気持ちが汲み取れると、「ああ、そうだったのか!」と胸がきゅっとなることもあるでしょう。テレビのほうが映像だから伝わりやすい、と思いがちだけれど、文字をたどってわかったことのほうが、心に残ります。

近ごろは、外見を装い、若く見せることにとらわれ過ぎているように思います。でもテレビなどで見る宣伝のままに美容クリームや栄養ドリンクを買うお金があったら、本を読んで、心のなかのほうからきれいにすることを考えてほしいと思います。本を読んでいれば、たとえ顔にしわができても、しわの寄り方が違うのではないかと思うのです。

人に言われなくても、自分は主人公の生き方を知っている、この本の世界が自分の心のなかにある、それだけでかすかな誇りを持つことができます。わたしにとって、中勘助の『銀の匙』はその一冊です。それから、わたしがもう何のためだったか忘れるほど、しおりを何カ所にも挿んでくり返し読んでいるのは、サマセット・モームの『人間の絆』です。主人公のフィリップは、孤児で生まれつき足が悪い。そういう、目に見えるハンディでなくても、何がしかの傷や悩みを抱えて生きている人間は多いでしょう。誇りを持って生きるのは、言うほどたやすくはないけれど、本を読めば自分が卑屈になる気持ちを、振り払うことくらいはできる、と思います。劣等感を取り除いて、あとに残る誇りは、どれほど心を強くしてくれることでしょう。自分は始めから五体満足、完全無欠だと思っている人よりも、わたしは、劣等感をひとつひとつ脱ぎ捨てていった人のほうがすばらしいと思います。そしてそれは、自分の力でしかできないことです。最後に残る誇りを、胸の底に秘めて生きることが大事なのだと心から思います。

あんの・みつまさ　1926年、島根県生まれ。山口師範学校研究科修了後、小学校で美術を教えるかたわら、画家として活動。68年、初めての絵本『ふしぎなえ』(福音館書店)を発表。国際アンデルセン賞ほか受賞歴多数。絵本以外の著作も多い。

家族からの贈り物

吉沢久子（95歳　家事評論家）

30年前に亡くなった夫、古谷綱武は、大変愉快な人でした。お酒が好きで、しょっちゅう家に友だちが来るので、わたしはありあわせで料理を作っては一緒に宴を楽しみました。夫婦で近所で飲んだ帰りにヒヨコを買って、育てていたら、実はアヒルで、どんどん大きくなるわ、玉子は産むわ、ガーガー鳴きながら庭中を歩き回るわで、ふたりして困り果てた思い出があります。夫が「この玉子でお菓子でも焼いて近所に配ったら？」と言うので、マドレーヌを焼いて「いつもごめんなさい」と謝って回ったりして。毎日がそんな調子で、互いに家庭生活も仕事も満喫していたように思います。文芸評論家の彼は、女性が仕事を持つことや、東京だけでなく地方にも目を向けることの大切さを説いていました。ですから、家の宴会に出していた料理がきっかけで、人から生活者の目線で家事のコラムを書かないかとすすめられたときも応援してくれました。

わたしの家事評論家という肩書は、友だちが考えてくれたものです。肩書が主婦ではいやだったのです。主婦は、職業ではありませんから。以来現在まで、家事について綴る仕事が続いております。

家事は生きていくのに必要なことです。でも、時間を取られるいやな作業だとか、誰かのためにするものと思うと苦しくなります。どうせやるなら、雑にやって心残りになるより、多少骨が折れてもていねいにやって気持ちよく暮らせたほうがいい。家族のためだけではなく、自分のために。そうするにはどうしたらいいか、家事の方法を考えましょうと提案してきました。

夫の母もまた、明るくてざっくばらんな楽しい女性でした。イギリス暮らしが長くモダンでいながら、気取らず、家では野良着姿。わたしの作る料理を「滋養のあるものを作ってもらっているから全部食べるわよ」といつも残しませんでした。わたしは幼いころに両親が離婚しているので、自分が家族を持ったら絶対に大切にしようと決めておりました。その夢のとおり、古谷の家族は兄弟もみな仲がよく、ことにわたしは義母が大好きでした。そんな義母を晩年の2年半、同居しながら介護しました。大好きな人が、だんだん自分をなくしていく姿を見るのは苦しいことでした。「財布がない」「テレビがない」と、毎日のように訴えます。介護は子育てと違ってゴールが見えないので、家の中にいると、息が詰まるようでした。けれどもある日、「これは明日の自分の姿だ。だからしっかり観察して勉強しよう」と考え方を変えたのです。そこで最期まで看取ろうと腹が据わりました。介護でしみじみ痛感

取材　大平一枝

したのは、肉体の衰えはその年齢になってみないとわからない、ということです。自分が老いたときには、冷静な覚悟と準備が必要だと心から思いました。

行き詰まる日々のなかで、わたしを救ってくれたのは仕事です。昼間のいっとき、介護とはぜんぜん違う世界に引っ張り出してくれた仕事は、自分にとって社会とつながる唯一の窓口でした。

60代で、義母、夫と立て続けに失ったとき、深い悲しみに包まれましたが、同時に最期まで看取ったという充足感もありました。朝も夕も自分の好きなように時間を使える自由も実感するようになりました。

いまは95歳のひとり暮らしですから、しばしば「ひとりでお寂しいでしょう」と言われます。しかし、実は、楽しいばかりで孤独感はありません。ないものをねだってもしょうがないですし、人間はいつかはひとりになります。誰にも老い仕度は必要なのです。わたしは持ち物を減らし、ジュエリーなども、「ちょっと早い形見分けよ」と周囲の方々に差し上げました。そして、暇があれば蔵書の整理をしています。寝ている間に何かあってはいけないので、夜、汚れ物の洗濯をすべて済ませてから寝ます。揚げ物は危険なのでやめ、転倒や火事にはよくよく注意を払います。心がけるのは、自分ができないことを見極めて、無理をしないこと。そう、あの苦しい介護の日々から学んだことです。

年をとったら次第に外出しにくくなります。だからこそますます人付き合いが大切になりますし、お付き合いそのものが、社会との窓口となります。自分が出られないなら家で勉強会や食事会をして、〝社会〟をうちに連れてくればいいのです。45年前に夫が始めた勉強会は、いまも月に1度開いています。メンバーがわが家に集まり、研究を発表し合い、その後は持ち寄った手料理やケータリングで食事会をします。わたしはその何日か前から、仕事と体調を調整し、部屋を整えるので、いい具合にこの会が緊張と張り合いをもたらしてくれています。緊張感ということで言えば、いまだに毎週、原稿の締め切りがあり、長生き云々と言う前に、仕事のためにも健康であることが必要です。

元来わたしはくいしんぼうで、ぐんと若い方とでも、おいしいものの話が止まりません。肩書や年齢で人を判断せず、上から目線でなく——。どんな相手からも学ぼうと思うと、毎日はさらに充実します。

人付き合いについて、胸に刻んでいる夫の言葉があります。

「人の悪い点についてあれこれ言うのはバカバカしい。それよりも、よいところを見落とすな」

勉強会も、年をとったら友人も減って寂しくなるだろうからという夫の発案でした。老い支度の心得も、社会を家に呼ぶ知恵も。そのときは気づいていませんでしたが、わたしは家族から目に見えない尊い贈り物をたくさんもらっていたのです。肉体の衰えだけでなく人生の機微もまた、この年齢になってみて初めてわかることばかり。まだまだ学びの途中です。

よしざわ・ひさこ　1918年、東京都生まれ。文化学院卒業後、速記者を経て51年、秘書を務めた文芸評論家の古谷綱武氏（84年没）と結婚。暮らしを大切にする家事や生活提案をする家事評論家に。『老い方上手の楽しい台所』（海竜社）など著書多数。

もの選びのヒント
ずっと使っているものと
最近買ったもの

〔最近〕
杉崎文子さんのボタニカルアート

〔ずっと〕
濱田庄司作のふた付き壺
フランス製の骨董皿

吉沢久子さん

ものを整理する日々。よくよく吟味して本当に好きなものだけ手元に残しています

「わたしはくいしんぼうなうえ、大勢で食べるのが好きなんです」と吉沢さん。

「フランスのお皿は300年ほど前のもの。25年くらい前、知り合いから買いました。ようかんやチョコレートを並べたり、おでんや玉子焼きも。何にでも合って重宝なの」

濱田庄司作の器は、30代のころ東京・荻窪のいづみ工芸店で購入。シチューをよそってお客さまに出します。

「濱田さんがお若いころの作品で、それほど高くありません。器は好きで以前は古道具屋さんなどで衝動買いをしましたが、いまは昔のものを大事に使うようになりました」

友人の杉崎文子《すぎざきふみこ》さんが描いたボタニカルアートは、何点も持っていたドクダミの絵の最後の1点です。ほかはすべて人に譲ったそう。

「ドクダミの花が好きなの。昔はよく、庭でとれたドクダミの新芽を天ぷらにして食べました。おいしいんですよ」

吉沢さんのお気に入りの品々には、いまも昔もおいしそうな思い出が寄り添っています。

写真　一之瀬ちひろ　松本のりこ　後藤啓太　取材・文　大平一枝　渡辺尚子　田中のり子

森田 直さん・和子さん

実用的で料理が映える器は長年使っても飽きません

食器棚いっぱいに収納された器はすべて、直さんのお見立てです。和子さんは、「夫は、こだわりが強いですし、買うことが大好き。ときどき重ねにくいものを買ってきますが、わたしが買うより、もめなくていいの」と笑います。約50年前に購入した朝鮮の器は、伏せ焼きという珍しいもの。煮ものやサラダが映えます。2年ほど前に買った白山陶器の平皿は、縁にカーブがあり、汁がこぼれません。

「仕事柄、いろんな器を使ってきましたが、器は価格や出自に関係なく、実用的で、どんな料理も映えて、色味がきれいなものが結局飽きないんですね」と直さん。

お子さんが幼いころから古伊万里などを使ってきた森田家。割られるのが心配ではなかったかとお聞きすると——。

「割ってしまうのはたいてい、洗っているときでしょう？　気をつけなくちゃいけないのは、実は子どもじゃなく大人なんですよ」

買ったものを慈しみながら使う直さんならではの、鋭い分析が返ってきたのでした。

〔ずっと〕
仕事道具の色鉛筆

〔最近〕
昭和初期のじょうろ

栗辻早重さん

便利な道具よりも、ストーリーを背景に感じさせる道具が好きです

ほしいものは瞬時に決まる、と栗辻さんは言います。最近手に入れたのは、昭和の初めに作られた子ども用のじょうろ。さびた風合いと「シュールな絵」に惹かれて、購入しました。使い勝手がいいからほしいわけではありません。ストーリーの感じられるものに愛着が湧くのです。こうして手に入れたものを、愛情を持って日常的に使い続けます。

箱いっぱいの色鉛筆は、栗辻さんの宝物です。テキスタイルデザインに必須の仕事道具は、長年使われ、どれも短くなりました。

「いままでの人生のなかで使ってきた色鉛筆が、すべて入っています。学校を卒業して、カネボウ意匠室でテキスタイルデザイナーとして働いていたときのものもあるし、主人(テキスタイルデザイナーの故・栗辻博さん)と使ったものもあります。これを見ると、胸が『くんっ』と鳴るくらい、大切なものです」

ちびた色鉛筆はいま、3歳になった孫のお絵描き道具に。「ばあば」の似顔絵を描く小さな手に、ちんまりと収まっています。

〔ずっと〕
開化堂の茶筒

〔最近〕
クリステルの蒸し器

中村好文さん・夏実さん

長持ちする究極の形。生活道具を求める際の視点はずっと変わりません

「ずっと使っているものっていったらあれかな」「そうね、開化堂の」。ふたりの意見がすぐに一致したのが開化堂の茶筒。向かって右から番茶、煎茶、玄米茶を入れています。

「結婚して間もなくのころ、何げなく読んでいた『銀花』という雑誌の記事で、京都の老舗のこの茶筒のことが小さく紹介されていたのです。それで京都に出かけ、4つ買いました」と、夏実さん。

若いふたりにはけっして安くはない買い物でしたが、生活道具は流行に関係なく、シンプルで、機能も形も究極のものを使いたいという気持ちはそのころからありました。

「もう40年使っていますが、最後まできっちりふたが閉まって、どこにも壊れる要素がない。ブリキと銅の風合いも年々よくなっていきます」と好文さん。一方、数年前に買った蒸し器は、底が3段になっていて、3サイズの鍋がはまる便利なもの。オールステンレスで丈夫、かつ機能性が高いという点で、夫妻のもの選びはいまも昔も一貫しています。

〔ずっと〕
プラスチックテープのかご
竹かご

〔最近〕
東京の雑貨屋で買ったかご

ひびのこづえさん

安くて軽くて多様に使える丈夫なかご。その使い道を思案する時間も好きです

青いプラスチックテープを編んだかごは、夫の日比野克彦さんの海外土産です。「国は忘れたのですが。わたしがかご好きと知っているのでふたつも買ってきまして。大きいし困ったなーと思ったけれど、置いておくとふっと使い道を思いつくのです。現実的なものしか買わないわたしと違い、彼はいつも思いがけないものを買ってハラハラさせられますが、彼の感性で選んだものがあとあと生活に役立つので、おもしろいものですね」

通気性、耐水性があるので、いまは風呂場で、シャンプーのストックや手桶を収納中です。

一昨年買った左の鳥かごのようなかごは、手紙入れにしたり、トイレットペーパーを入れたり。25年ほど前に買った日本の竹かごは、しょう油やみりん、油などボトル型の調味料入れに。かごは安くて軽くて持ち運べるので掃除しやすく、生活に合わせていろんな用途に使える点が魅力。そして、壊れたら直せること。どう工夫して使うか考える余地のあるものが、ひびの家になじんでゆきます。

井出恭子さん

毎日、目に映り座ることで愛着が育っていく、美しい椅子たち

「椅子は、見た目の美しさはもちろん、座ったとたん良し悪しがすぐにわかってしまう。そのなかで、何十年も残り続け、高く評価されている椅子は、本当にすごいものだと、尊敬の念が湧き上がってきます」

現在、井出さんのお宅にある椅子は12脚。ほとんどが古いもので、どれも一脚一脚吟味して、大切に選んできたものばかりです。

右の椅子は家具デザイナーのヨーゼフ・ホフマンとヨーゼフ・フランクがデザインした「プラハチェア」で、5〜6年前から使い続けているもの。籐の曲げ木とナイロン製のコードの座面と背面の組み合わせが新鮮で、座り心地も抜群。左の椅子は、1860年代にシェーカー教徒が実際に使っていたアンティーク。長年憧れていて、引越しを機に、新居のために最近購入したものです。

「それを置くと、部屋の空気感がすっと変わるような、存在感のある椅子が好き。椅子選びがじょうずになったら、部屋作りもじょうずになるような気がしますね」

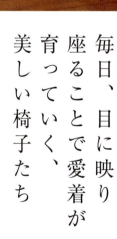

編集者の手帖

この本は、２０１３年12月に刊行した、別冊『暮らしのヒント集3』を書籍化したものです。ご覧のとおり、決して派手ではない一冊ですが、「手元に置いて、折に触れて読み返しています」といったお声をいただくと、とてもうれしく、ありがたく思います。

「取材する方々の暮らしを、もともとよくご存知だったのですか？」。そう尋ねられることもあります。誤解を恐れずに言えば、実は結構当てずっぽうだったりもするのです。手がけてこられたお仕事に心惹かれて、この方は、暮らしに独自の哲学をお持ちに違いない、と思ったなら、思い切って取材を申し込んでみる。「いやいや、とりわけ語ることなんて」と相手がおっしゃられても、お話をお伺いするうちに、思わず膝を打ったり、ため息をついたり。「暮らしのヒント」は、いくらでも出てくるものなのです。

思うに、「暮らしのヒント」は「生き方のヒント」でもある。長きにわたって第一線で活躍されてきた方は、その生き方、暮らし方にも、ひたむきな姿勢と、一本貫く何かがあるのでしょう。ご本人が、それを「哲学」として意識されていなくても。逆に言えば、暮らしは、その生き方も仕事も、自分の何もかもをありのままに映し出してしまうもの。付け焼刃で格好つけることなどできない、なかなかこわいもの。だからこそ私たちは、人の暮らしに惹きつけられるのかもしれません。

取材から4年がたち、当時とはまた違った暮らしを送る方もいらっしゃいます。常に前を向いて、自分を更新しながら、みずみずしく生きる。刊行にご協力くださった、そんな素敵な方々に、心より感謝を申し上げます。（K）

２０１３年当時、シリーズ3冊目を制作するにあたって、「暮らしのヒント」とは何かということをいま一度考え、再確認しました。それは、毎日を楽しく、心豊かに過ごすために役立つこと。小さな気づきから奥深い信条まで、人生を支えてくれる事柄。物質的にも心持ちの面でも、生活のなかで得られたことばかりで、実に生き生きとしたアイデアに感心するばかりでした。そして、「ああ、だからこの方は、人柄もお仕事ぶりも魅力にあふれているんだ」と納得しきりです。

デザイナーの井出恭子さんは、時流とともに移ろいゆく「ファッション」が仕事。だからこそ暮らしの根本や日常を大切にされています。東京で挫折を経験して、故郷に根をおろして自分らしく暮らし、創作の質を高め、幅を広げた版画家の松林誠さん。仕事も生活も、ご自分のスタイルを確立したスタイリストの第一人者、原由美子さんは、暮らしをシンプルで身軽な形に移していらっしゃいました。弊誌の創刊編集長、花森安治も通った老舗画材店を営む日比なせさんからは、大きな困難を乗り越えるための小さな一歩の大切さを教えていただきました。

巻頭では、有元葉子さんに、おいしい料理を作るための根本にあることを教わりました。料理本やインターネットのレシピ通りに作るだけではなく、自分で考えて料理をするためのヒントです。「料理じょうず」になるために大切なエッセンスが、まとめられています。

「暮らしのヒント」は、何年たっても変わらずに私たちの支えになってくれるものです。これからも末永く、たくさんの方々にお読みいただけたらと編集部一同、願っております。（U）

挿画　フジマツミキ

わたしの暮らしのヒント集 3

二〇一七年十一月十五日　初版第一刷発行

二〇一七年十二月十八日　第二刷

著　者　暮しの手帖編集部

発行者　阪東宗文

発行所　暮しの手帖社　東京都新宿区北新宿一ノ三五ノ二〇

電　話　〇三－五三三八－六〇一一

印刷所　凸版印刷株式会社

落丁・乱丁がありましたらお取り替えいたします　定価はカバーに表示してあります

ISBN 978-4-7660-0204-1　C2077

好評発売中のシリーズ本のご案内

わたしの暮らしのヒント集

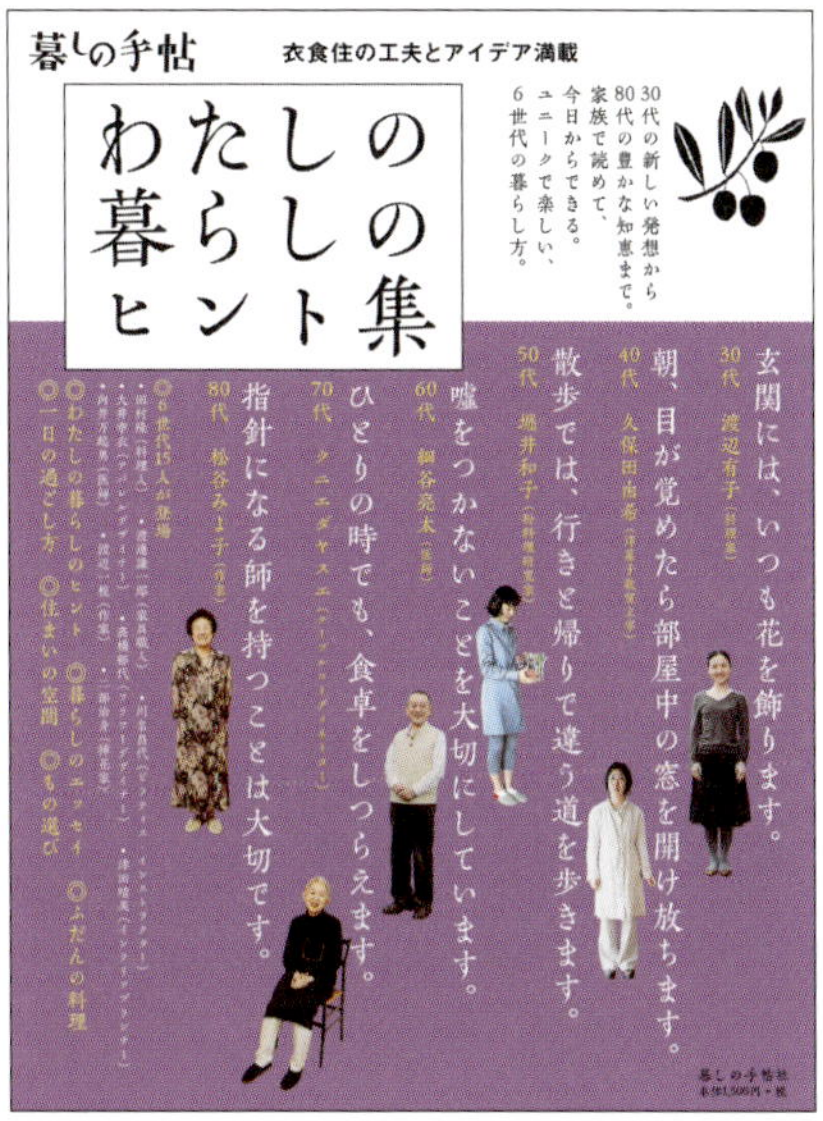

田村隆（料理人）
久保田由希（洋菓子教室主宰）
渡辺有子（料理家）
渡邊謙一郎（家具職人・デザイナー）
川名昌代（ピラティス・インストラクター）
高橋郁代（フラワーデザイナー）
大井幸衣（アパレルデザイナー）
堀井和子（粉料理研究家）
クニエダヤスエ（テーブルコーディネーター）
渡辺一枝（作家）
二部治身（挿花家）
細谷亮太（医師）
松谷みよ子（作家）
津田晴美（インテリアプランナー）
向井万起男（医師）

ISBN978-4-7660-0174-7

続・わたしの暮らしのヒント集

濱崎龍一（料理人）
皆川明（デザイナー）
伊藤まさこ（スタイリスト）
細川亜衣（料理家）
津上みゆき（画家）
門倉多仁亜（料理家）
浅岡みどり（グリーン・コーディネーター）
森下洋子（バレリーナ）
マーガレット・ハウエル（デザイナー）
平松洋子（エッセイスト）
石川博子（雑貨店主）
ホルトハウス房子（料理家）
津端修一（自由時間評論家）
津端英子（キッチンガーデナー）
志村ふくみ（染織家）
末盛千枝子（編集者）
久野恵一（現代民藝監修者）

ISBN978-4-7660-0179-2